JN357379

_____ 님께

다섯 친구와 함께
그대의
여섯 번째 친구가
되고 싶습니다

_____드림

キルドンイ

다섯친구

1판 1쇄 인쇄 | 2011년 08월 30일
1판 2쇄 발행 | 2011년 09월 28일

지은이 | 다이애나 홍
발행인 | 이용길
발행처 | MOABOOKS 모아북스

관리 | 정 윤
디자인 | 이룸

출판등록번호 | 제 10-1857호
등록일자 | 1999. 11. 15
등록된 곳 | 경기도 고양시 일산구 백석동 1332-1 레이크하임 404호
대표 전화 | 0505-627-9784
팩스 | 031-902-5236
홈페이지 | http://www.moabooks.com
이메일 | moabooks@hanmail.net
ISBN | 978-89-90539-98-4   03510

· 좋은 책은 좋은 독자가 만듭니다.
· 본 도서의 구성, 표현안을 오디오 및 영상물로 제작, 배포할 수 없습니다.
· 독자 여러분의 의견에 항상 귀를 기울이고 있습니다.
· 저자와의 협의 하에 인지를 붙이지 않습니다.
· 잘못 만들어진 책은 구입하신 서점이나 본사로 연락하시면 교환해 드립니다.

MOABOOKS 모아북스는 독자 여러분의 다양한 원고를 기다리고 있습니다.
(보내실 곳 : moabooks@hanmail.net)

세상에서 가장 먼저 만나야 할 내 인생의 동반자

다섯 친구

다이애나 홍 지음

모아북스
MOABOOKS

목차

프롤로그 • 13

1 첫 번째 친구   운 동

나를 밝히는 첫 번째 빛   건강 • 27

다이어트 1단계, 마음 군살 빼기   20대 몸무게를 유지하는 비결 • 37

아름다운 노년을 위해   운동, 더 나은 삶을 위한 예의 • 47

좀 더 자유로워지기 위해   돈보다 근육 • 55

인생의 균형 잡기   마음의 청소도구 명상 • 61

황금온천   반신욕 독서로 지키는 건강 • 67

어차피 할 것 기분 좋게   하모니 건강 공식 • 72

친구 1 • 76

Tip1 : 다이애나 홍이 제안하는 건강법 • 81

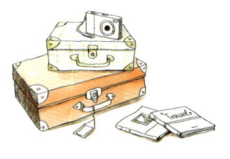

2 두 번째 친구　　　　　　　여행

심천, 마카오, 홍콩　좋은 사람과 떠나는 여행 • 87

싱가폴 · 바탐　타임머신을 타고 미래로 또 과거로 • 93

뉴질랜드 · 호주　마음의 휴식을 찾아 • 103

캐나다　대자연의 나라 • 109

두바이　책으로 읽고 눈으로 확인한 세상 • 115

대한민국　그래도 대한민국이 제일 좋다 • 125

친구 2 • 130

Tip2 : 다이애나 홍의 여행이란… • 133

3 세 번째 친구 　　　　　　　　　　　　영화

위로가 되어줘 　나만을 위한 전용 극장 • 139

상상할 수 없는 세상을 상상하라 　아바타, 벤자민 버튼의 시간은 거꾸로

간다 • 149

식객 　가족과 함께 보고 싶은 영화 • 159

블랙, 어거스트러쉬 　위로와 치유, 용기의 영화 • 165

밀양, 친정엄마 　목 놓아 울고 싶을 때 보는 영화 • 173

그대를 사랑합니다, 맘마미아, 레터스 투 줄리엣 　사랑, 가슴에 피어나는

아름다운 꽃 • 179

Tip3 : 다이애나 홍의 강력 추천 영화 • 183

4 네 번째 친구 　　　　　　　　　　　　　음악

희망의 소리, 꿈의 소리　연주자의 온몸에서 나는 소리 • 187

힘 내세요!　우울증 치료하는 바이올린 • 193

삶의 울림　음악으로 사는 희로애락 • 199

독서음악회　책과 음악의 향연 • 205

행복을 부르는 주문　작은 성취감을 자주 느껴라 • 211

Tip4 : 다이애나 홍의 추천 음악 • 216

5 다섯 번째 친구

독서

홀딱 반하고 풍덩 빠지라 위대한 작가에게서 느끼는 황홀경 • 221

해결해야 할 숙제가 있다는 것은 축복이다 위기일발, 돌파구는 책 속에 있다 • 229

책읽기운동은 신 새마을운동 생각의 근육 기르기 • 237

좋은 책, 좋은 사람들의 아름다운 흔적 전경련 IMI, GAMP 독서클럽의 마지막 강의 • 245

책으로 나누는 행복 나를 향한 고객의 사랑, 고객을 향한 나의 사랑 • 253

Tip : DH 독서법 • 259

에필로그 • 260

· · · · **프롤로그** · · · ·

외로웠다.

내 마음 안아줄 누군가가 필요했다.

내 가슴 보듬어줄 아름다운 영혼은 어디에 있는가.

가슴이 가늘게 떨려온다.

외로움이 혈관 곳곳에서 시려온다.

시린 가슴 부여안고 혼자 멍하니 서 있다.

외로울 때마다 읽는다.

닥치는 대로 읽는다.

고독할 때마다 글을 쓴다.

한 줄 한 줄 쓸 때마다 내 영혼이 잔잔한 바다처럼 출렁인다.

시린 가슴에서 피와 눈물과 고독이 빠져나간다.

고독했다.

무서운 것은 어둠이 아니라, 어둠 속의 적막이었다.

아무도 내 가슴 토닥여주지 않았다.

그토록 심혈을 기울였건만 프로젝트는 실패하고 말았다.

온몸에서 기운이 빠져나간다.

멍들었다.

실패한 서류봉투는 화살이 되어 내 가슴을 시리게 쏘아댔다.

피와 고름이 무심하게 흐른다.

많이 지쳤고, 뭉게구름 같은 맑은 감성은 가뭄에 타들어갔다.

그리웠다.

목이 멘다.

눈이 부시게 푸르른 날은 그리운 사람을 그리워하라고 했던가.

눈이 부시게 푸르른 날은 눈물이 난다.

그 손길이 그립다.

어릴 적 내 아픈 배를 쓸어내리며

우리 아가 똥배 술술 나아라, 쓸어준 어머니.

내게 필요한 것은 빵과 커피가 아니라 함께 있어줄 누군가였다.

죽고 싶었다.

푸르게 빛나던 인격은 바닥에 사정없이 휴지조각이 되었다.

20년 쌓아올린 꿈의 성은 허무하게 무너져버렸다.

20여 년을 한결같이 혼을 바치고, 정성을 다하고,

사랑을 쏟아 가꾼 내 텃밭은

초강력 쓰나미 한 방에 모두 날아가 버렸다.

필사적으로 살고 싶었다.

나를 살려줄 누군가가 필요했다.

닥치는 대로 읽었다.

신기하다.

읽고 나니 숨을 쉴 수 있었다. 책은 나의 숨이었다.

행복해졌다.

가슴이 허전하다 하여 아무것으로 채우지 말자.
가슴을 적시는 음악,
어느 책의 느낌표를 찍는 한 문장,
어느 영화의 오래 기억에 피어날 한 장면,
머리카락 사이로 흘러내리는 땀방울,
경이로운 자연의 한 조각에 나는 다시 매혹당할 수 밖에 없다.

나의 하루는 언제나 기도와 음악으로 시작되었다.
영혼에 꽂히는 그 음악에 나를 맡긴다.
영혼을 울리는 음악은 귀로 들어와 가슴에 저장된다.
이른 새벽에 글을 썼고, 아침 등산을 했고,
낮에는 업무에 충실했다. 휴일이면 밀린 숙제를 했다.
새로 개봉된 영화를 봤고. 새로 나온 신간을 읽었다.

신기하다.

많이 행복해졌다.
그저 음악을 들었고, 영화를 보았고, 책을 읽었고,
운동을 했고, 여행을 했을 뿐인데,
이제 이 다섯 친구는 내 가슴이 숨 쉬듯
언제나 내 영혼을 출렁이게 한다.

이제, 내 영혼은 자유라는 날개를 달았다.
다섯 친구에게 영혼을 맡겨보고 싶지 않은가?

왜 그랬을까.

하늘도 울고 땅도 울고 우주도 목 놓아 엉엉 운다. 끝내 꽃피우지 못하고 죽음을 택한 아픈 영혼을 어찌 달랠 수 있을까. 부모는 자식이 죽으면 가슴에 묻는다고 하는데, 얼마나 전력투구해서 들어간 대학인데, 조금씩 키워왔던 가슴에 품은 꿈을 피우지도 못한 채, 하늘나라로 가버린 카이스트 학생 4명의 자살 소식이 연일 마음을 우울하게 한다.

뿐만 아니다. 요즘 뉴스를 통해 전해지는 자살 소식은 또 얼마나 흔한지…. 몇 년 전 '시대의 연인' 이라 불릴 정도로 대중의 사랑을 받았던 최진실이 자살을 했을 때도 죽음을 선택하기까지 얼마나 답답하고 참담한 심정이었을까 생각하고 먹먹한 가슴을 쉽사리 진정시키지 못했다.

그런데 과연 자살을 했다고 해서 죽음을 선택한 것이라 할 수 있을까? 이들이 죽음을 선택한 것이 아니라 죽음으로 내몰린 것은 아닐까? 비단 이들뿐일까? 지금 현재의 고난을 죽음으로 피하려 하는 사람은 또 얼마나 많을까? 이들에게 용기를 주고 싶다. 누구에게든 죽는 길만이 아니라 반드시 살 길이 있다는 것을 알려주고 싶다.

사실 나 또한 자살이라는 극단적인 선택을 하려 한 적이 있었다. 남편의 사업 부도로 17년간 꾸려온 학원을 접어야 했을 때다. 내 온 청춘을 바쳐 일군 꿈의 밭이 한순간에 지옥 불구덩이가 돼버렸다. 아침에 출근을 하면 빚쟁이들이 찾아와 생전 들어본 적도 없는 욕을 하고 악다구니를 해댔다. 그러고 나면 당장 갚아야 할 빚도 빚이지만 그 모욕과 모멸감이 얼마나 큰 상처가 되던지….

경제적인 실패보다 인격이 짓밟혔을 때의 좌절감이 쓰나미가 되어 나를 송두리째 흔들어 놓았다. 철저히 혼자 버려진 세상이 싫었고, 인격을 휴지조각처럼 짓밟는 세상이 징글징글했다. 이렇게 살 바엔 차라리 죽음을 선택하는 것이 옳다고 생각했다.

그때, 자칫 수십 알의 약으로 내 인생을 마감할 뻔했던 그 당시, 나를 다시 일으켜 세운 존재가 다섯 친구다. 운동, 여행, 영화, 음악, 독서. 이 다섯 친구가 나를 죽음에서 건져줬다. 다섯 친구가 나를 위로해줬고, 내 영혼을 어루만져줬다.

흔히 사람들은 사람에게서만 위로받으려 하고, 사람과만 자신의 속 이야기를 나누려고 한다. 하지만 자기를 온전히 채우지 못하고서 무조건 사람에게서만 위로받으려고 하고 나누려 하면, 그게 바로 독화살이 되어 돌아오고 씻을 수 없는 아픔이 되어 상처를 남긴다.

지금 나를 힘들게 하는 마음속의 고민, 누군가에게 털어놓으면 바로 그 순간 위로가 될 수는 있다. 하지만 만약 그 이야기가 또 누군가에게 전해진다면 처음 전하는 사람의 의도와 상관없이 치부가 되어 제 삼자에게 전달될 수도 있다. 결국 나에 대한 험담이 되어 입소문이라도 나면 다시 날카로운 칼이 되어 나를 찌르는 무서운 흉기가 된다. 결국 사람을 통해 위로받으려 했다가 다시 사람에 상처를 받는 것이다. 사랑 또한 마찬가지다. 얼마 전 세상을 시끄럽게 했던 서태지씨와 이지아씨의 사랑 또한 결국 사람에게 보상받으려 하고 사람에게서 위로받으려다 서로에게 큰 상처를 주고 있다.

사람이란 목발은 어느 순간 나를 지탱해줄 수도 있지만, 언젠가 부러질 수도 있고 썩어 부서질 수도 있다. 그래서 사람이란 목발에만 의지할 것이 아니라 튼튼한 자신의 다리, 단단한 자기의 마음을 만들어야 한다. 스스로 온전히 설 수 있고 잘 살 수 있어야 한다. 다섯 친구가 충분히 그렇게 만들어줄 수 있다.

이는 내가 경험했기에 감히 확신할 수 있다. 힘든 시절 다섯 친구가 나의 튼튼한 다리가 되어주었다. 어찌 할 바를 모르고 내 마음을 종잡을 수 없을 때 책이 나침반이 되어주었고, 영화가 위로와 용기를 주었으며, 음악과 여행이 오롯이 나와 마주할 수 있도록 때론 또 다른 나의 가능성을 발견할 수 있도록 도와주었다. 그리고 운동. 운동이 건강한 나를 만들어주었다. 건강한 육체를 만들어 건강한 생각을 부르고 무엇이든 이룰 수 있는 나의 기반을 마련해주었다.

만약 그때 내 남편, 아들, 친구에게만 의지하려 했다면 지금의 나는 없을 것이다. 그들이 내 아픔을 시원히 위로해줄 수도 없고, 언제든 내가 필요할 때 곁에 있어줄 수 있는 것도 아니니…. 또 다섯 친구는 내 의지만 분명하다면 나를 배신하는 일도 기다리게 하는 일도 없다.

내게 마음만 있다면 언제든 1분 대기조가 되어 내 곁을 지켜주고, 노력한 만큼 더 많은 영감과 보람과 용기를 얻을 수 있다. 그러니 이 다섯 친구가 영원히 나를 지켜주는 친구다. 배신도 없고 변덕도 없고 때와 장소에 구애받지도 않는다.

친구에게 '다섯 친구'라는 책을 쓸 생각이라고 이야기했다. 그랬더니 친구가 한다는 말, "나도 그 안에 들어가나? 나도 다섯 친

구 중에 하나가? 나도 넣어주라" 하는 거다. 그래 "어 어, 넣어줄
게" 하고 나서 솔직히 고백했다.

"그런데 친구야, 사실은 다섯 친구가 사람이 아이다. 다섯 친구
는 운동, 여행, 영화, 음악, 독서다. 봐라, 이 다섯 친구가 너나 내
행복한 삶의 안내자이자 에너지가 되는 기라. 내 안의 깊은 샘물
을 퍼올리는 마중물인기라. 이 마중물이 나를 충만하게 하고, 윤
택하게 만들어준다 아이가. 내 속이 가득 차면 그 에너지가 내 주
위 사람들도 행복하게 변화시킬 수 있는 거 아이겠나."

그동안 강의를 다니며 '다섯 친구' 이야기를 종종했다. 그때마
다 강의를 들으시는 분들이 숨을 멈추고 동감하시는 걸 느꼈다.
강의가 끝나고 나선 어찌나 환호하고 호응해주시던지. 아마 집
집마다 그 속을 들여다보면 어려운 사정 없는 집이 없을 테고,
누구든 웃는 얼굴 뒤에 슬픔 가슴 한 자리 없는 사람이 없는 이
유일 터다.

그래서 '다섯 친구'에 관한 글을 쓰기로 결심했다. 이 책은 나
를 이토록 행복하게 만들어준 운동, 여행, 영화, 음악, 독서에 관한
이야기다.

이 책으로 이 땅에 많은 고독한 사람에게, 나와 같
은 고통을 겪고 있을 누군가에게 힘이 되고 싶다. 고

통과 외로움에서 벗어나는 방법을 모르는 누군가에게 그 방법을 알려주고 싶다. 조금만 생각을 달리하면 된다. 무조건 사람에게만 위로받으려 하지 말자. 파랑새를 찾기 위해 밖으로만 뛰어다니지 말자. 파랑새는 내 안에 살고 있다. 그 파랑새에게 다섯 친구를 선물하자.

지금 나는 정말 행복하다. 돈이 많아서가 아니라 마음이 풍요로워서 더 행복하다. 또한 삶에 늘 감사할 수 있어 행복하다. 운동을 하며 튼튼한 다리를 갖게 되어 감사하고, 건강한 눈으로 경이로운 자연을 볼 수 있어 감사하고, 아름다운 음악을 들을 수 있어 감사하다.

부디 지금 혼자만의 싸움으로 지쳐 있을 누군가에게 이 다섯 친구가 큰 힘이 되길 소망하며….

2011년 다이애나 홍

울공

경희해 친구

나를 밝히는 첫 번째 빛

건강

아! 싱그럽다. 이른 아침 맑은 공기, 흙냄새 바람은 달다. 내 머리에서 발끝까지 아니 심장에서 혈관 곳곳에 스며든다. 이 맛을 잊을 수 없어 새벽산을 오른다. 벌써 20년째다. 반짝반짝 빛으로 인사하는 초록 잎새들, 잎새 위에 둥글둥글 이슬은 또 어찌할꼬. 눈으로만 보기가 아까워 가슴에 담아본다. 어느새 초록잎새와 싱그러움은 내 가슴에 독소를 씻어준다. 이 싱그러움은 새벽마다 이불을 미련없이 박차고 등산화를 신게 했다. 가장 먼 길은 머리에서 가슴까지라고 했던가. 나는 이불 속에서 등산화를 신는 것이라고 말하련다.

온 산이 생명의 에너지로 충만하다. 그런데 정작 나 자신은 얼마나 맑고 강한 생명을 빛내고 있을까? 삶의 근원인 생명, 나뿐 아니라 세상에 모든 것이 살아 있기에 존재하는데, 나와 또 다른 많은 사람들은 그 생명을 어떻게 간수하고 있나? 혹 건강을 소홀히 해 생명의 유통기한을 갉아먹고 있는 건 아닌지….

췌장암으로 시한부 선고를 받은 〈마지막 강의〉의 저자 랜디 포시. 그의 아내가 그에게 한 마지막 부탁은 "제발 죽지 마세요"였다. 죽음을 앞둔 그의 마지막 강의는 많은 이들의 가슴을 울렸지만 정작 사랑하는 사람에겐 그가 그 무엇도 그가 살아 숨 쉬는 것만한 기쁨이 또 있을까?

또 얼마 전 스티브 잡스의 건강 악화설이 돌았을 때 승승장구하던 애플 왕국의 주가는 단번에 폭락 그래프를 그렸다. IT 업계의 신화로 추앙받으며 일반인은 상상도 못한 부를 이룩한 스티브 잡스이지만 건강을 지키지 못해 자신이 세운 왕국까지 비틀거리게 한 것이다.

이처럼 우리가 건강을 지키지 못했을 때 우리는 생명만을 잃는 것이 아니다. 남편이나 아내, 자녀를 지킬 수 없게 되고, 내가 쌓아온 명예와 성과 모두가 무너진다.

우리는 모두 '나' 주식회사의 CEO다. 직장에 다니든 어딘가에 소속되어 있든 태어나면서부터 이미 '나' 주식회사인 것이다. 그래서 나는 나를 경영해야 한다. 내가 나를 어떻게 경영하느냐 에 따라 브랜드의 가치가 높아진다. 건강한 내가 최고의 브랜드다.

'나' 주식회사를 제대로 경영하지 못한 랜디 포시는 사랑하는 가족에게 상처를 주었고, 스티브 잡스는 지금껏 자신이 이룩한 왕국을 한때 흔들리게 했다.

한 번 무너진 나 주식회사는 다시 일으켜 세울 수 없다. 유한한 생명은 다시 고쳐 쓸 수 없기 때문이다. 그래서 건강은 고무공이 아니라 유리공에 비유한다. 고무공처럼 바닥에 떨어졌다가 다시 튀어 오르는 법이 없다. 튀어 오르기는커녕 그대로 깨지기 십상이다. 한 번 망가진 몸은 회복하기 힘들다. 깨진 유리공과 같다. 그래서 생명은 지키는 것이고 건강도 예방하는 것이다.

우리가 건강을 소홀히 하는 것은 자신을 죽이는 것이나 마찬가지다. 하지만 많은 사람이 내 몸에서 일어나는 변화에는 무심한 듯하다. 몸 안에 나쁜 세포가 자라고 병들고 있는데도 모르고 살아간다. 그러다 몸 속 변화와 상처가 드러나서야 비로소 병원을 찾고 치료를 시작한다. 이미 성 안에 적이 들어와 있는데 그제야 성을 지키겠다며 성문을 닫아거는 모양이다.

가만 보면 요즘 사람들은 건강 또한 돈으로 해결할 수 있다고 믿는 듯하다. 이런저런 건강 보험 몇 가지를 들어놓고 마치 지금 자신이 건강관리를 하고 있다는 착각을 하고 있다. 하지만 보험 가입이 건강관리는 아니다. 은행에서 보험회사로 보험료가 이체되는 순간 내 몸에 근육이 생긴다거나 폐활량이 좋아지는 건 아니니까. 그러니 최고의 건강 보험은 꾸준한 운동이다. 운동은 정말 우리 몸의 오장육부와 근육, 눈, 코, 입의 기능을 튼튼하게 만들어주지 않는가.

다행히 나는 이 건강 보험을 20대 초반부터 시작했다. 20대 초반 비염으로 고생을 하면서 운동을 시작하게 된 것이다. 당시 비염이 있으니 시도 때도 없이 흐는 콧물도 콧물이거니와 머리도 멍한 게 잘 집중도 안 되고 몸도 차 감기도 자주 걸렸다. 당연히 일에도 지장이 있었다. 그래 병원에서 치료도 받고 한의원도 다니고 백방으로 노력을 했는데도 비염이 쉬 떨어지지 않았다. 그러다 이웃 아주머니가 산에 다녀보라고 권해 그때부터 가까운 산에 다니기 시작했다. 처음엔 반신반의로 그래도 안 하는 것보다는 낫겠다 싶어 매일 산을 올랐는데 정말 점차 비염 증상이 완화되는 거다. 결국은 완치됐다. 당연히 비염에서 기인한 멍한 증세와 잔병치레도 없어졌다.

그때부터 거의 20여 년을 매일같이 새벽 모닝페이지 글쓰기를 마치고 뒷산에 오르고 있다. 등산이 나의 운동으로 뿌리내린 것이다. 하지만 세상에 생김새부터 성격까지 똑같은 사람은 없듯 건강을 관리하는 방법, 운동 방법도 저마다 자신만의 방식이 있다. 자신에게 맞는 건강관리법을 찾아야 한다. 밥 먹듯이 양치질하듯이 매일같이 반복되는 운동인데 성격에 맞지 않아서 생활 여건에 맞지 않아서 불편하고 꾸준히 하는 데 방해가 되면 안 된다. 운동이 즐거워 스트레스 받는 일이 없어야 한다.

무엇이 됐든 상관없다. 누군가와 함께 할 수 있는 테니스도 좋고, 혼자 할 수 있는 헬스도 좋고, 산에 올라도 좋다. 집 근처 학교 운동장을 돌아도 좋고. 단 자신이 할 수 있는, 즐겁게 할 수 있는 방법을 찾아 습관을 들여야 한다. 인생은 습관의 묶음임을 잊지 말자.

내게는 등산만 한 운동도 없다. 이제는 어쩌다 산에 오르지 못하면 몸이 근질거려 견디지 못할 정도다. 산을 오르기 위해 등산화를 꽉 조여 매면 무언지 모를 기운이 느껴진다. 비라도 내리는 날의 뒷산은 또 어쩌나 좋은지…. 빗물을 머금은 잎사귀의 싱그러움이 마치 내 안의 혈관까지 맑게 만드는 것 같다. 숲 속 길을 걷고 있으면 나뭇잎이 "세상은 너의 것이야…"라고 속삭인다.

한 발 한 발 내디디며 걷는 산길에서 삶을 배우기도 한다. 산도 오르는 척할 수 없고, 인생도 사는 척할 수 없다. 김별아 님도 이런 말을 했다. "산을 오르는 것은 나 자신을 오르는 것이다." 등산을 하다 보면 내가 앞서 가기도 하고 때론 누군가의 뒤를 쫓아가기도 한다. 인생도 그렇다. 또 걷다 보면 음지도 나오고 양지도 나온다. 계속 그늘만, 또 계속 햇빛만 드는 길은 없다.

자신의 삶에 있어 우리는 모두 프로다. 진정한 삶의 프로는 자신이 가야 할 길, 지금 자신이 무엇을 가장 소중히 다뤄야 하는지,

어떻게 하면 유리공을 떨어트리지 않을지 잘 알고 있다. 소중한
내 삶에 있어 어설픈 아마추어가 되지 말자.

자신의 삶에 있어 우리는 모두 프로다. 진정한 삶의
프로는 자신이 가야 할 길, 지금 자신이 무엇을 가장
소중히 다뤄야 하는지, 어떻게 하면 유리공을 떨어
트리지 않을지 잘 알고 있다. 소중한 내 삶에 있어
어설픈 아마추어가 되지 말자.

다이어트 1단계, 마음 군살 빼기

20대 몸무게를 유지하는 비결

어릴 때부터 마른 체질로 살이 쪄 고민했던 적이 없다. 그런데 어느 날 거울을 보고 깜짝 놀랐다. 거울 안 내 모습이 믿기지 않았다. 그동안 나도 모르게 익숙해져 의식하지 못했지만 도저히 예전 호리호리했던 나를 떠올릴 수 없는 모습이었다.

'도대체 언제 이렇게 살이 찐 거지? 예전의 나는 어디로 가고 어쩌다 여기 이렇게 살찐 아줌마만 서 있는 거지?'

몸이 무거워지니 걸음 걷는 것이 불편해졌고, 숨 쉬는 게 힘들었다. 무엇보다 집중력이 떨어지고 쉽게 피로해져 괴로웠다. 단지 겉모습만의 문제가 아니라 생활에도 지장이 생긴 거다.

무엇보다 내 몸의 지방이 곧 독, 모두 암 덩어리나 다름없다고 생각하니 더 이상 이대로 내 몸을 방치할 수 없었다.

'이 바보 멍청이. 이래도 운동한다고 자부할거야.'

당장 서점으로 달려갔다. 이번에도 가장 나다운 방식으로 문제를 해결하기로 한 거다. 다이어트 관련 서적, 건강 관련 서적, 서점의 책들을 모조리 읽어 원인을 찾아내리라, 굳은 의지를 갖고. 일단 전문서적보다는 읽기 쉽고 이해하기 쉬운 책으로 골라 수십 권을 샀다. 내 몸의 살을 분석한다는 생각으로 다이어트 공식과 건강 공식을 찾기 시작했다.

살이 찌는 이유는 많이 먹고 먹은 만큼 움직이지 않아서였다. 그런데 그렇게 많이 먹지도 않았고, 활동량이 그리 적은 편도 아닌데 선뜻 이해가 되지 않았다.

'도대체 뭐가 문제지?

답은 하나가 아니었다. 인생에 꼭 하나의 정답만 존재하는 것이 아니듯 다이어트와 건강에 있어서도 마찬가지였다.

스 . 트 . 레 . 스 .
마음의 군살, 스트레스가 살을 찌게 한 주범이었다.
그러고 보니 그 즈음 남편의 사업이 부도가 나면서
엄청난 스트레스를 받을 때였다.

일단 내 안의 스트레스를 어떻게 몰아낼지 궁리했다. 론다 번의 〈시크릿〉이 떠올랐다. 바로 시크릿 법칙 '생각이 삶을 만든다'를 실천했다. 살을 찌게 한 스트레스도 문제지만 다이어트를 하며 받는 스트레스도 문제였다. 그래서 '나는 아무리 먹어도 살이 안

쪄' 라며 습관적으로 자기 암시를 하기 시작했다.

그러고 나서 본격적인 다이어트에 돌입했다. 먼저 식이요법부터. 처음엔 내가 즐겨 먹던 빵과 커피를 멀리하는 것이 가장 힘들었다. 빵 대신 딸기와 키위, 수박 등 계절과일로 간식을 하고 커피는 캐모마일 등 허브티로 대체했다. 밥 대신 잡곡밥, 튀긴 음식 대신 찐 음식, 나물무침, 생채무침 등으로 식단을 짰다. 다행히 잡곡밥은 반찬이 그리 많지 않아도 됐다.

그 다음으로 운동을 시작했다. 무조건 열심히만 하기보다는 효과적인 방법을 찾아 시도하기로 했다. 알고 보니 음식물이 체내에 남아 있는 상태에서 운동을 하면 지방이 연소되는 것이 아니라 칼로리만 태우는 것이었다. 그리고 잠을 잘 때도 칼로리는 타고 있다는 사실. 자고 일어난 아침이면 우리 몸에는 칼로리가 거의 남지 않는다.

그렇다면 칼로리를 다 써버리고 이제 지방 연소만 남은 아침 식전이 가장 운동 효과가 클 수밖에 없다. 이 사실을 깨닫고 나서부터 모닝페이지 글쓰기를 쓰고 나서 목숨 걸고 아침 운동을 철저히 했다.

그러면서 하루 1권 이상 다이어트 관련 책들을 읽어냈다. 매번 다이어트 정보를 눈으로 읽으며 확인하고 마음으로 되새기고 싶어서였다. 그러다 또 다른 중요한 사실을 발견했다. 다이어트를 하려면 '천천히'에 익숙해지는 마음의 여유가 필요하다는 점이었다.

〈프랑스 사람들은 살이 찌지 않는다〉는 책을 보니 그들의 식사 시간은 거의 2시간에 가까웠다. 정말 우리 입장에서 아주 먼 나라 이야기다. '빨리빨리' 문화가 뿌리 깊은 한국에서는 어디 그럴 여유가 있나. 언젠가 삼성에 강의를 갔을 때 우스갯소리로 이런 말

41

을 들은 적이 있다.

"이제부터 식사 시간입니다. 식사 시간은 5분, 나머지 55분은 자유시간입니다."

이렇게 우리의 식사는 10분이면 다 끝나버린다. 그런데 여기에 다이어트 비결이 숨어 있다.

'천천히 꼭꼭 오래 씹어야 한다.'

유난히 바쁘고 정신없이 살아온 터에 나는 밥 먹는 시간조차 아껴 무언가를 해야 한다는 중압감을 갖고 있었다. 그런 생활이 지속되면서 빨리 밥 먹는 게 습관이 되어버린 거다. 그래서 이때부터 의식적으로 천천히 꼭꼭 씹어 먹는 것을 훈련했다. 예전에는 입으로 밥을 먹었다면, 지금은 눈으로 먹는다. 부랴부랴 얼른 밥만 입 안에 구겨 넣는 것이 아니라, 식사 중 대화에도 신경 쓰기 시작했다. 밥만 먹지 않고 대화도 함께 먹기 시작한 거다. 상대와 대화를 하다 보면 자연히 식사 시간도 길어질 수밖에. 결국 이런

식으로 2년 동안 다이어트를 감행해 40대 중반의 아줌마가 20대의 중반의 몸무게를 되찾을 수 있었다.

정리하면 나의 다이어트 비법은 다음 네 가지다.

첫째, 운동은 공복에.

운동에도 요령이 필요하다. 운동을 할 땐 칼로리를 다 태운 후에야 지방을 연소시킬 수 있다는 사실을 잊지 말자.

둘째, 식사는 저칼로리 고단백으로.

특히 이와 함께 내게 맞는 음식을 찾아 사랑하는 마음으로 먹는 것이 중요하다.

셋째, 식사는 천천히.

음식이 아니라 대화를 나누며 분위기를 먹자.

넷째, 마음에 감사의 씨앗 심기.

위대한 삶의 종자가 감사의 마음이다.

몸과 마음, 무엇이 먼저일까? 정답은 없다. 하지만 먼저 몸 관리부터 철저히 하라고 강조하고 싶다. 세상에서 가장 맛있는 감은 자신감이다. 그리고 건강한 육체가 곧 자신감이다. 그래서 더욱 운동을 게을리할 수 없다.

운동, 음식, 마음의 평화. 이 세 가지는 건강 관리를 위해 반드시 신경 쓰고 지켜야 할 것들이다. 그중에서도 마음의 평화가 가장 중요하다. 마음의 평화를 위해선 마음에 씨앗을 잘 심어야 한다. 나는 감사의 씨앗으로 내 마음 밭을 가꾼다. 이렇게 건강한 몸을 주신 부모님께도, 건강한 나에게도 스스로 감사의 마음을 잊지 않는다.

그리고 한 가지 더, 20대 몸을 갖기 위해 언제 어디서나 20대의 싱싱하고 맑은 향기를 잃지 않기 위해 노력하고 있다.

모아북스 도서목록

The MoaBooks Publishing

모아북스의 책들은 삶을 유익하게 합니다.

200만 암환자에게 전하는 희망의 메시지
'난치성 질환에 치료혁명의 기적'

통합치료의 선두주자인 조기용 박사는 지금껏 2만 명의 암 환자들을 치료했었고, 이를 통해 많은 환자들이 암이 완치되는 기적이 아닌 기적을 경험한 바 있으며, 통합요법을 별로 몸 구조와 생활습관을 동시에 바로잡는 장기적인 자연면역체생요법으로 이환 개에 세바람을 물고 있다. 이 책에서 가 조하는 것이 강하게 만들어 몸 전체를 살게 하는 통합은 증상의 한 부분만을 살피는 것이 아니라 몸 전체를 살펴 함을 부추고 있으며, 이는 누구나 가진 자가 면역력을 최대로 돋우는 것에 조점을 맞추고 있으며, 이는 누구나 이 책을 읽고 제시한 치료법을 실천하면 이해하면 낫지병을 통해 고통 받고 있는 이들에게 화복된 삶을 살아갈 수 있는 새로운 계기를 맞이하게 될 것임을 보여주고 있다.

암에 절대로 살수 있다

조기용 지음/255쪽/값15,000원

|살·아·있·는·지·식·과·건·강·정·보·가·슴·쉬·는·곳|

대표전화 : 0505-627-9784
www.moabooks.com

변화하는 리더들의 길잡이, 모아 베스트셀러

대한민국 독서디자이너 다이애나 홍의 감성 치유 에세이!

고난에 닥쳐 불행한 삶을 연명하느니 차라리 죽음을 선택하는 것이 옳다고 생각하는 사람들이 늘고 있는 현실에서 누구나 한 번쯤 절망의 순간과 위기를 얻기 마련이다. 다만 그때 견디고 이겨내느냐 못하느냐의 문제이며 좌절의 수렁에서 전저줄, 지자의 지정적 '다섯 친구' (운동, 여행, 영화, 음악, 독서)에 관한 감성 에세이다. (다섯 친구)는 저자가 삶이 고단에서 고민하고 있을 누군가에게, 고통과 외로움에서 벗어나는 방법을 몰라 좌절하고 있을 누군가에게, 용기와 힘이 되고자 하는 그들에게 전하는 치유의 메시지다.

다섯 친구

다이애나 홍 지음/264쪽/값13,000원

절대긍정으로 삶을 개척한 드림빌더의 신화!

'드림빌더' 이론은 아무리 작은 꿈이라도 일단 꿈을 품는 자는 성공의 계단에 들어서게 되는데 원칙을 중심으로 아무리 힘들고 어려운 상황에서도 꿈을 가지고 꿈을 성취를 지속시키는 자는 승리한다는 점을 말한다. 나이가 이 책은 한 사람의 전문적 자기 계발 컨설턴트인 동시에 저자의 친근하고 호소력 깊은 강연자이기도 한 저자 특유의 현실분석과 드림빌더 공식을 속투한 해심분으로, 다양한 매체와 강연을 통해 풍부한 내용들을 소개한 바 있다. 저자의 드림빌더 강연은 많은 경험과 사례, 강력한 공식으로 큰 호응을 받고 있은 물론, 현실 속에서 함께 꿈꾸고 그 꿈을 성취하고자 하는 많은 이들의 삶의 계기를 이끌어냈다.

드림빌더

김종규 지음/278쪽/13,000원

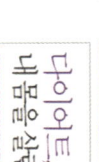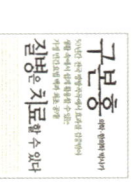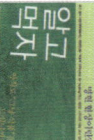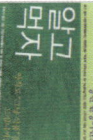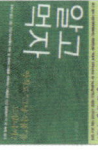

아름다운 노년을 위해

운동, 더 나은 삶을 위한 예의

아름다운 노년을 위해 필요한 세 가지는 무엇일까? 바로 돈, 건강, 친구 아닐까. 만약 이미 이 세 가지를 갖췄다면 당신은 이미 행복한 사람이다. 돈은 물질적으로 원하는 삶을 살 수 있을뿐더러 누군가와 나눌 수 있는 여유를 갖게 해준다. 또한 건강은 언제든 내가 하고 싶은 바를 해낼 수 있는 자유를, 친구는 함께 즐길 수 있는 행복을 준다.

SAT · ACT 만점에 아이비리그 아홉 개 대학을 동시에 합격해

세계를 놀라게 한 공부 지존 이형진 군은 "공부는 내 인생의 예의다"라고 했다. 그렇다면 나는 이렇게 말하고 싶다.

"운동은 내 몸에 대한 예의다!"

산골에서 태어나 어린 시절을 시골에서 보낸 나는 걷는 일 하나는 아주 자신 있다. 그도 그럴 것이 초등학교까지 왕복 2시간은 걸렸으니, 학교를 안 가는 날을 제외하고 매일같이 꼬박 2시간은 기본으로 걸었다. 게다가 매일 소 풀을 먹이러 산을 오르고, 친구와 노는 것도 산골 여기저기를 쏘다니는 것이었다. 오죽하면 그 시절 별명이 무쇠다리였을까. 그때 그 무쇠다리로 만들어준 생활이 지금의 건강 밑천이라는 생각도 든다.

지금도 여전히 걷기 운동을 하고 있다. 또 골프도 치는데 골프의 매력이 말할 수 없이 좋다. 처음 골프에 관심을 갖게 된 계기는

48

세계적인 프로 골퍼 잭 니클라우스의 자전적 이야기를 담은 책, 〈잭 니클라우스의 골프와 나의 인생〉을 보고 나서부터다.

사실 골프는 그리 녹록한 운동이 아니다. 오히려 글쓰기와 책 읽기는 자투리 시간을 활용할 수 있지만 골프는 자투리 시간 활용이 불가능하다. 골프를 하려면 하루 꼬박 8시간은 비워둬야 한다. 그래서 여유가 안 돼 못하는 분들도 꽤 있다. 이런 분들께는 하루 빨리 여유를 만드시라 권하고 싶다. 그만큼 골프라는 운동이 매력적이기 때문이다.

심리적 상태에 따라 실제 결과가 크게 좌우되는 대표적인 멘탈 스포츠인 골프는 상황에 휩쓸리지 않고 얼마나 자신을 신뢰하느냐에 따라 승부가 갈린다. 인생도 마찬가지다. 마음가짐에 따라 삶이 달라진다. 그러니 골프를 하며 삶을 대하는 태도를 배우기도 한다.

여기에 파란 잔디 위를 사뿐사뿐 걷는 느낌도 으뜸이다.

피로에 찌든 영혼을 위로받는 기분이 든다. 청명한 하늘 냄새가 코끝을 스치고 조금씩 가슴으로 스며든다. 하늘이 주는 최고의 기운과 땅이 주는 에너지를 온몸으로 느낄 수 있다. 이 맛에 골프를 칠 때는 카트를 타고 이동하지 않는다. 첫 번째 홀부터 마지막 홀까지 걸어서 이동한다.

골프의 마지막 코스 18홀까지 돌며 함께한 사람들과 나눈 세상 이야기, 사람 사는 이야기는 4시간 강행군의 원동력이다. 전경련 상근부회장 정병철 원장도 이런 명언을 남겼다.

"골프를 하면 세 가지가 보인다. 첫째 동행이 보이고, 둘째 자연이 보이고, 셋째 자기 자신이 보인다."

참 멋진 말이다. 나의 경우도 처음엔 내 공만 보였고, 차츰 다른 사람들의 공이 보이기 시작하고, 그 다음에 자연이 보였다.

그래도 아직은 자기 자신이 보이는 단계에는 못 오른 것 같다. 자연의 아름다움에 취해 스코어에 큰 의미를 두진 않지만 아직까지도 동행에 민폐를 끼치지는 말자가 내 목표인 것을 보면 말이다.

하지만 모든 사람이 골프를 좋아하고 즐길 수는 없다. 골프가 성격에 안 맞을 수도 있고. 그래도 자신에게 맞는 운동 한두 가지는 꼭 있을 것이다. 테니스, 축구, 배구, 야구, 골프 어떤 종류든 상관없다. 여기에 나이 들어서도 꾸준히 할 수 있는 운동이면 더욱 좋다.

영화 〈식객〉을 보면 이런 명대사가 나온다.

"나에게 필요한 것은 빵이 아니라 함께할 누군가다."

함께 나누고, 함께 즐기고, 서로 배려할 수 있는 상대가 있다는 그 자체로 참 행복할 수 있다. 빵보다 사랑을 나눌 누군가가 더 절실한 세상에선 키우는 황소와 깊은 우정을 나누기도 한다. 그러니 기왕이면 함께 하는 운동을 권한다.

그래도 누군가와 함께하는 것만이 목적이 되어 들쑥날쑥 불규칙적인 운동을 해서는 안 된다. 다른 사람들과 일정을 맞추고 종목을 맞추느라 허송세월을 보내기 십상이다.

여건이 허락하지 않는다면 혼자서라도 매일 규칙적으로 운동하는 것이 중요하다. 하다 말다 하는 것은 운동이 아니다. 혼자서도 규칙적으로 할 수 있는 운동을 선택하되, 가끔 다른 사람들과도 어울려 몇 배로 즐거워지는 운동을 시작하길 권한다.

좀 더 자유로워지기 위해
돈보다 근육

대한민국 상위 1%를 조사한 내용이 매일경제신문에 보도된 적이 있다. 이 조사에 따르면 상위 1%의 부의 목표치는 56억 원. 이들의 연봉은 2억4천만 원 정도 되고 여윳돈이 3억4천만 원 정도라고 한다. 이미 슈퍼티치인 사람들을 빼고 대부분의 사람들은 이런 상위 1%의 삶을 꿈꾼다. 그런데 과연 돈만 많으면 행복할까? 정말 돈이면 귀신도 부릴 수 있는 걸까?

사기에 이런 말이 나온다.

'나보다 돈이 열 배 많으면 빈둥거리고, 나보다 돈이 백 배 많으면 두려워하고, 나보다 돈이 천 배 많으면 그에게 고용되고, 나보다 돈이 만 배 많으면 그의 노예가 된다.'

틀린 말은 아니다. 특히 요즘같이 돈이면 뭐든 할 수 있는 세상에서 더더욱 사람들에겐 이 말이 정설이 되고 있다. 자본주의 세상에서 돈이 곧 권력이며 자유이니, 자유로운 영혼을 위한 첫 번째 조건이 돈이 되고 있다. 오죽하면 남자는 경제력, 여자는 미모력이라는 말까지 나돌까?

하지만 랄프 네이더의 〈슈퍼리치만이 우리를 구할 수 있다〉에는 또 이런 말이 나온다.

'많은 돈을 가지고 있다는 것은 팝콘을 먹는 것과 유사하다. 팝콘으로 배를 채울 수는 있지만 만족을 느끼기는 어렵다. 만족을 얻기 위해서는 남을 배려하는 삶을 살 필요가 있다. 부자일수록 사회에 대한 책임을 의식해야 하는데 한국의 부자들은 그렇지 못해 비난을 받고 있다면 그것은 불행한 일이다.'

팝콘이 만족을 줄 수는 없다! 공감한다. 헛배만 부르게 하는 꼴이다. 그렇다면 부자가 되기 위해 필요한 영순위는 무엇일까? 자유로워지기 위해 돈이 필요하다면 무엇보다 돈을 맘껏 쓸 수 있는 자유로운 육체가 있어야 하지 않을까?

건강이 있고 나서야 돈도 있다. 그런데 사람들은 돈을 모으는 것에만 무서우리만치 관심을 쏟고 있다. 저축을 하고 투자를 하고 온갖 방법을 동원해 재산을 불린다. '이 다음에 꼭 아름다운 삶을 살리라' 이 마음 하나로 이렇게 열심히 돈을 모으기 위해 몸부림이다.

그런데 과연 건강한 육체를 위해서는 얼마나 저축을 하고 있나? 우리가 살아가는 데는 반드시 지출할 수밖에 없는 최소한의 공과금이 있다. 우리 몸도 살면서 최소한의 공과금을 소비한다. 나이가 들면서 조금씩 몸의 근육을 써버리는 것이다. 마치 생활을 하며 쓰는 푼돈은 별 티가 나지 않듯, 조금씩 약해지는 근육도 우리는 잘 의식하지 못한다. 근육이 빠져나간 자리엔 지방이 대신 채워지고, 한 번 축적된 지방을 빼기란 쉽지 않다.

돈만 저축할 수 있는 것이 아니다. 이제 건강도 저축할 때다. 헬스클럽에서 매일 조금씩 근육을 저축해보자. 통장에 돈이 쌓이듯 내 몸에도 근육이 쌓이고 이자로 건강도 따라올 것이다.

지금 바로 근육저축, 건강저축을 시작하자. 진정한 부자는 건강 은행에 근육 잔액이 많은 사람이다. 잊지 말자. 부자가 되는 데 필요한 영순위, 불변의 영순위는 바로 건강이다.

인생의 균형 잡기

마음의 청소도구 명상

청소를 했다. 몸이 상쾌하고 가뜬한 것이 그리 개운할 수 없다. 방과 거실, 화장실 구석구석을 닦아내고 나면 집 안 전체가 반질거리는 것이 절로 서로운 에너지가 솟아난다. 마치 볕 좋은 날 잘 말린 빨래처럼 청소를 하고 나면 마음도 보송보송 보드라워지는 기분이다.

그래서 집 청소를 하고 나면 어김없이 영혼 청소의 필요성을 다시금 느낀다. 하물며 집 청소만으로도 이렇게 기분 전환이 되는데 영혼을 청소하면 얼마나 더 멋진 일이 기다리고 있을까.

학원 경영 17년을 마무리하고 새 삶을 찾아 헤맬 때 내 영감의 원천은 눈을 감고 마음을 어루만졌던 명상의 시간이었다. 마음을 비우고 영혼을 깨끗이 하는 마음의 청소 시간. 명상을 위해 눈을 감으면 그때 비로소 나아가야 할 세상이 보이기 시작했다. 눈으로는 볼 수 없었던 눈 밖의 세상이 나타났다. 눈을 감는 순간 상상 속의 또 다른 세상이 보이기 시작했다. 눈으로는 지금의 현실밖에 볼 수 없지만 눈을 감으면 과거와 미래를 볼 수 있었던 거다.

흐르는 음악에 가슴을 내어주면 고요한 적막에 영혼은 가늘게 떨린다. 비우고 또 비워내는 시간. 현실이 주는 크고 작은 시련 앞에 고개 숙인 절망이 스스로를 강하게 만들어주고, 기쁨의 꽃을 피웠던 작은 성취가 가슴에 겸손을 일깨워준다. 얼마나 고맙던지. 이만한 공부가 없다. 지금도 아침에 일어나서 잠깐, 밤에 잠들기 전에 잠깐, 눈을 감고 명상을 하는 시간이 곧 낮에 볼 수 없었던 진짜 나를 만나는 시간이다.

디지털 시대의 새로운 문화 아이콘 창조자이자 최고의 CEO 스티브 잡스, 그도 20대에 떠난 인도 여행에서 명상 체험을 했다. 최근엔 인터넷에 가부좌를 하고 명상을 하고 있는 젊은 시절의 스티브 잡스 사진이 돌아 화제가 되기도 했다. '다른 방식으로 생각하라' 라는 문구가 인상적이었던 광고로 세상에 존재를 알린 기업 애플. 그 중심에 스티브 잡스의 다른 방식으로 생각하는, 다른 방식으로 세상을 바라보는 명상 시간이 있었다. 스티브 잡스뿐 아니라 농구의 전설 마이클 조던, 비틀스의 존 레논과 영화배우 리처드 기어 등 전 세계인들을 열광하게 한 이들도 바로 명상에 심취했다고 한다.

KBS 1TV〈생로병사의 비밀〉에서 밝힌 건강을 지키는 명상의 효과는 실로 엄청나다. 명상으로 스트레스를 해소하고 면역 기능을 강화할 뿐 아니라 심혈관 질환도 다스린다. 방송으로 소개된 명상을 시작한 지 40년째에 접어들었다는 93세 고령의 박희선 박사는 85세에 에베레스트 고산에서 치러진 마라톤 대회에서 완주를 할 정도였고 아직도 책을 읽으며 돋보기를 찾지 않아도 될 정도로 건강한 시력을 유지하고 있다. 처음 명상을 시작하고 나서 10년 동안 33편의 논문과 60여 개의 특허를 낼 정도로 지적활동도 왕성한 모습이었다. 2010 광저우 아시안게임에서 사격 3관왕에 오른 이대명 선수도 심상훈련이라는 명상 프로그램을 통해 집중력을 유지한다고 한다.

나쁜 기운은 내몰고 좋은 기운을 불러오는 명상은 두뇌의 노화를 느리게 하는 마음의 산책이다. 또한 마음의 청소 시간이자 공부 시간, 산책 시간이다. 정화된 마음은 건강한 몸의 초석이다.

자 오늘부터라도 아침에 일어나 잠깐, 자기 전 잠깐이라도 마음의 정화 시간을 가져보는 건 어떨까?

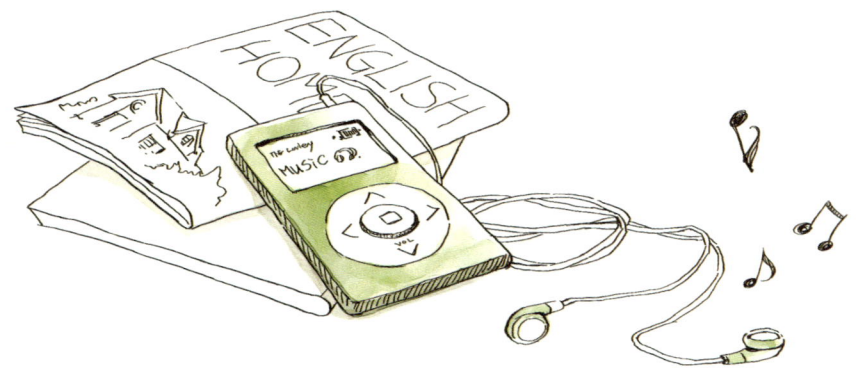

황금온천

반신욕 독서로 지키는 건강

날씨가 너무 매섭다. 서울은 유난히 춥다. 한 달 내내 영화의 날씨가 이어졌고 낮 기온도 영하에 머문다. 내린 눈이 녹기도 전에 또 눈이 내린다. 따듯함, 아니 뜨거움이 절실하다. 휴일 아침 늦잠을 늘어지게 잤다. 송장처럼 꼼짝하기 싫다. 그래도 무거운 몸을 일으켜겨우 헬스장으로 향했더니 매일가던 헬스장, 사우나도 휴장이다.

일어나자마자 운동을 해야 하는 메커니즘을 갖고 있는 내 몸, 따

67

뜻한 물 두 잔을 마시고 나니 몸이 운동을 절실히 원한다. 그래도 일주일에 한 번은 몸도 쉬어줘야 하기에 그저 편안히 쉬기로 했다. 그런데 반신욕을 안 하면 몸이 아주 근질근질해서 무언가 자꾸 허전해진다. 마치 금단현상처럼.

주섬주섬 옷을 챙겨 입고, 황금온천으로 향한다. 역시 이곳은 여전이 사람이 많다. 이 곳 사람들의 풍경은 참 다양하다. 휴일 오전 늘어지게 자는 사람도 있고, 땀방울을 사랑하며 숨차게 운동하는 사람들도 있다. 그리고 이렇게 따뜻한 물에 반신욕하는 사람도.

나는 반신욕이 좋다. 사우나보다는 반신욕이 좋다. 책 한 권을 들고 들어가 30분가량 따뜻한 물에 앉아 책 속으로 여행을 떠난다. 조금씩 땀이 흐르기 시작한 몸이 시원한 물을 원하면 다시 찬물 한 컵을 들이킨다. 시원한 옹달샘 맛이다. 반신욕 독서를 마치고 다시 거울 앞에 선다. 이상하다. 오늘따라 유독 더 예뻐 보인다. 온천을 해서인가? 책을 읽어서인가? 답은 둘 다. 700미터 암반

수라는 온천물이 온 몸을 씻어주고, 가슴을 울리는 저자의 메아리가 영혼을 씻어주었다. 역시 황금온천이다.

온천을 하고 나면 부쩍 예뻐진 나를 발견한다. 부석부석했던 머리에 윤기가 자르르 흐른다. 온천의 힘인가. 옛날 세종대왕도 온천을 자주 즐겼다고 한다. 신하들 몰래 온천 여행을 떠나기도 했다고. 그곳에서 비밀의 프로젝트 한글을 창제하기도 했다.

거울 속 나를 다시 잘 살펴본다. 5년 전 부산 자갈치 아지매의 티를 많이 벗었다. 머리도 세련되게 잘랐고, 맵시 있게 옷 입는 법도 배웠다. 말씨도 심한 경상도 사투리에서 표준어로 조금씩 바뀌어간다. 하긴 이 말투는 상대에 따라 시시각각 달라지긴 한다. 강의실에선 좀 덜하지만 친한 사람이라도 만나면 곧 어릴 적 쓰던 심한 부산사투리가 튀어나온다.

서울생활 5년, 눈뜨고 코 베어가는 곳, 이곳에서 살아남기 위한 몸부림은 실로 가혹했다. 그래도 기뻐서 즐거워서 신나서 뛰었던 시간이다. 좋은 책 읽고, 좋은 이야기를 좋은 사람들 앞에 들려주는 것. 일이 아니라 최고의 행복이었다. 뛰어난 학벌이 있는 것도 아니고, 유학을 다녀온 것도 아니다. 그저 읽고, 읽고, 또 읽었다. 그리고 적었다. 지식도 적었고, 지혜도 적었고, 정보도 적었다. 꿈도, 희망도, 의욕도 적었다.

그렇게 읽고 쓰고 강의하며 보낸 지난 5년의 세월 속에 부산자갈치 아지매에서 깍쟁이 강남 미시족으로 조금씩 변해왔다. 온천을 마치고 연구실에 조용히 앉았다.

겨울 햇살이 눈부시게 아름답다. 다시 컴퓨터를 켜
고 습관처럼 클래식 음악을 제일 먼저 틀어놓고 작
업을 시작한다. 아무리 생각해도 고마운 친구, 음악
이다. 몸도 마음도 날아갈 듯 개운하다. 최상의 컨디
션을 만들어 준 황금온천이 고맙다. 무엇이라도 해
낼 것 같은 최고의 기운을 준 휴식이다.

어차피 할 것 기분 좋게
하모니 건강 공식

장마. 비가 너무 많이 내린다. 이런 날은 어쩔 수 없이 헬스클럽
으로 향한다. 러닝머신에 올라 천천히 걷다가 파워워킹으로 1시
간 정도 걸으면 러닝머신 기계에 5킬로미터 기록이 뜬다. 이로써
오늘 200칼로리를 소비했다. 이어서 뒤로 걷기 10분으로 몸의 균
형을 맞춘다.

"아~ 개운해. 오늘도 일이 잘 풀릴 거야."

이렇게 몸이 말을 한다. 그런데 만약 하기 싫은 운동을 억지로

했어도 개운한 기분이 들까? 헉헉거리며 힘만 들고 지쳐서 겨우겨우 1시간을 채웠다면 재구매는 영영 안녕이다.

가수, 강사, 작가, 모두 앙코르로 먹고 산다. 앙코르가 없으면 살 수가 없다. 또 듣고 싶다, 또 읽고 싶다, 또 하고 싶다는 앙코르 욕구가 일어나지 않으면 바람과 함께 사라지는 슬픈 현실에 눈물이 난다.

기분이 좋아져 내지르는 '좀 더', '한 곡 더', '한 번 더'는 욕망의 결과다. 운동 역시 마찬가지. 헬스클럽에서 음악 없이 러닝머신을 뛴다고 상상해보자. 얼마나 지루할까. 자꾸 신경이 아픈 다리로 쏠리고 숨은 더 가빠질 것이다. 급기야 러닝머신에서 내려와 버릴 거다. 그렇다면 어떻게 해야 할까? 이대로 운동과 건강을 포기해야 하나?

이럴 땐 '내 사랑 하모니'를 추천한다. 음악과 함께 하는 헬스가 바로 내 사랑 하모니다. 신나는 리듬에 맞춰 벌써 운동화가 먼저 춤을 춘다. 만약 등산이 너무 지루하고 느끼지 못해 힘들기만하다면 등산을 할 때도 되도록 MP3에 신나는 음악을 담아 가길 추천한다. 물론 가끔 새 소리 듣기, 바람 소리 듣기, 푸르른 하늘 보기도 잊지 말아야 한다.

나의 경우 산을 오를 때는 신나는 음악을 듣고, 내려올 때는 새 소리, 바람 소리, 나뭇잎 속삭이는 소리를 듣는다. 하늘 냄새도 맡으며, '내 안에 보물이 있으니, 그것을 찾아내라'고 햇살 앉은 나뭇잎에게 말도 걸면서. 헬스장에서 앞으로 걷기를 할 때는 경쾌한 음악에 맞춰 걷고, 뒤로 걷기를 할 때는 가만히 눈을 감고 명상 걷기를 한다. 벌써 꽤 오랫동안 해버릇해 몸이 적응을 했는지 이제는 공장 기계 돌아가듯 자연스럽다.

반신욕을 할 때도 마찬가지다. 특히 반신욕은 지루해서 오래 견디지 못하는 사람도 많다. 30분 동안 아무것도 안 하고 가만히 앉아만 있으면 꽤 지루할 만도 하다. 수다를 떨며 함께 반신욕을 할 친구가 있다면야 좋겠지만 늘 친구가 반신욕 시간에 맞춰 대기하고 있을 수도 없는 일이다. 이럴 땐 책이 구원투수다. 구미가 당기는 책 한 권을 골라 들고 반신욕을 한다. 책을 읽느라 이마에 땀이 송글송글 맺히는지도 모르고 금세 30분을 버틸 수 있다. 반신욕을 하며 저자가 하는 이야기에 풍덩 빠져보는 것이다.

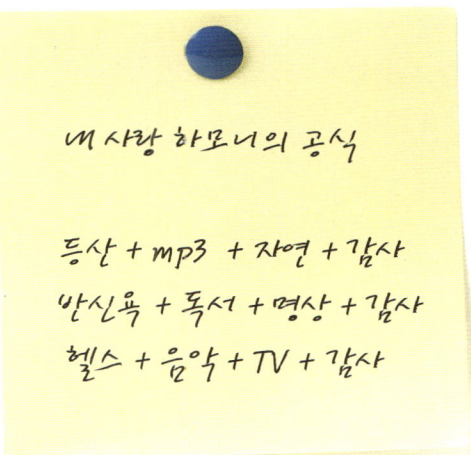

내 사랑 하모니의 공식

등산 + mp3 + 자연 + 감사
반신욕 + 독서 + 명상 + 감사
헬스 + 음악 + TV + 감사

· · · 친구 1 · · ·

강의를 마치고 나오니 부재중 전화가 9통이나 와 있었다. 같은 번호가 쫘~악 떠 있는 게 웬일인가 싶었다.

리턴콜을 누르니,

"야~ 니 다이애나 홍 맞재?"

"그래 맞는데요 누구세요?"

"나 은진이다."

"오 ~메 니 안 죽고 살아있나?"

"뭉디가시나 살아 있으면서 왜그리 연락 한번 안했노?"

"지금 어디고? 야 당장 만나자야. 너무 보고싶다야."

서로 안부를 묻는다고 정신이 없다. 5년 만에 다시 만난 친구, 가슴이 떨린다. 얼마나 변했을까? 어떻게 살았을까? 지금은 뭘 하며 살까? 갑자기 궁금한 것이 밀려왔다. 몇 번이나 전화를 했는데 그때마다 "지금 거신 전화는 고객의 사정에 의해 당분간 착신이 금지되어 있습니다."

걱정이 많이 되었다. 무슨 일이 있는 걸까. 정말 궁금했는데 이렇게 연락이 오다니. 떼인 돈을 받은 것처럼 반가웠다. 우리는 어느 오리집에서 만나기로 약속을 했다.

짜~잔 하고 나타난 친구. 여전히 이쁘다. 몸매도 그대로고 얼굴도 아직은 봐 줄 만하다.

"햐~~아~ 이게 얼마만이고?"

"그러게 진짜 5년 만 아이가?"

"너무했다 가시나 니는 우찌 그리 연락 한 번 안 했노오?"

"먹꼬 살기가 어려버서 고마 죽은 듯이 살았다아이가?"

"맞나? 근데 니 내 전화번호 우찌 알았노오?"

"어제 교보문고에 갔는데 자기계발 쪽에서 책을 고르고 있었는기라. 어? 다이애나홍이네? 혹시 내친구? 깜짝 놀랐다아이가."

"맞나?"

"책에 전화번호가 없는기라 그래가꼬 출판사에다가 전화를 했다아이가?"

"맞나?"

"햐~아 니 대단하데이. 눈 뜨고도 코 베간다는 서울에서 우찌 했노오?"

"마~아 죽을 고생했다 아이가."

"맞재 니 진짜 고생 많이 했대? 야~가 1년에 한 권씩 책을 냈네. 깜짝 놀랐데이."

"맞나?"

"학원 그만두고 니는 독서경영 했나 보네?"

"그래. 책에 미쳐 살았다 아이가. 니는 학원 그만두고 뭐 시작 했노?"

"직장 다니다가 사업 좀 해볼끼라꼬 하다가 쫄땅 말아묵고 이제 또다시 회사다닌다아이가."

"맞나. 우째거나 진짜 반갑데이"

죽었던 친구가 다시 살아온 느낌이다. 너무너무 반
갑다. 5년의 세월이 지난 후, 우리는 각자의 삶의 궤
도를 돌고 있다.

수년 전, 부산에서 그래도 잘나가는 학원장이었다.
친구도 나도. 학원재벌이라는 소리를 들을 만큼 멋
진 여성 CEO였다. 학원 경영 시절 17년을 동고동락
한 친구다. 우리는 같은 시기에 학원을 그만두었다.
그리고 각자 다른 인생 2막을 찾아 나섰다.

마법의 5년이 지났다. 어떤가? 참으로 많은 생각을 하게 한다. 세월이 그냥 놔두지 않는구나. 찬바람 찬 서리가 예쁜 얼굴을 거칠게 만들고 고운 피부는 서글픈 주름을 만들어댄다. 인고의 세월 속에 점점 우리는 이렇게 나이 들어가고 있었다. 고왔던 피부는 거칠어지고 팽팽했던 얼굴은 주름이 졌다. 하지만 행복하다. 꿈이 담긴 눈빛에서 우리는 여전히 행복을 나눈다. 겨울햇살만큼이나 맑은 눈빛이 우리를 다시 힘차게 이끌어준다.

중년들이여. 얼굴의 주름에 두려워 말지어다.
영혼의 주름이 지는 것을 두려워하라.

Tip 1

다이애나 홍이 제안하는 건강법

걷기 운동

동의보감에 '약보다 음식보다 걷는 것이 더 낫다' 라는 말이 있을 정도로 우리 몸에 아주 이로운 걷기 운동. 걷기 운동은 무릎과 관절 등에 부담이 가지 않아 운동 초보자도 무리 없이 할 수 있는 좋은 유산소 운동이다. 하루 30분 이상 걷는 것만으로도 성인병 예방은 물론 치료까지 적지 않은 효과를 볼 수 있다.

걷기 운동 효과

1. 혈액의 점도를 낮춰 심장질환의 위험성을 반으로 떨어트린다.
2. 체지방 분해는 하루 30분 이상 걸을 때부터 나타나므로 오래 걷는 것이 중요하다.
3. 일정 시간 속도로 걸으면 혈당을 떨어뜨리는 효과가 있다.
4. 기분 전환, 스트레스 해소에 좋다.
5. 폐활량을 증가시켜 폐질환 발병 가능성을 낮춘다.
6. 온몸의 근육과 뼈를 강화시켜 골다공증 예방에 좋다.
7. 관절 부위 근육을 강화시키고 관절염 악화를 막는다.
8. 뇌졸중 발생 가능성이 절반 가까이 낮아진다.

생활 속 걷기 운동 어떻게 하나

1. 월요일에서 금요일까지 하루 10분 걷기부터 시작한다. 익숙해지는 정도에 따라 차츰 시간을 늘려나간다.
2. 바른 자세로 걷는다.
   * 호흡: 코로 깊이 들이마시고 입으로 내뱉기
   * 손: 달걀 쥔 모양
   * 팔: L자 또는 V자로
   * 시선: 10~15m 앞 땅바닥 주시
   * 양발: 15~20도 밖으로 향하게
   * 보폭: 키 × 0.45
   * 몸: 5도 앞으로 기울이기
3. 허리나 무릎, 등 등에 병이 있다면 삼가거나 의사와 상의한다.
4. 감기 기운이 있을 때, 숙취, 수면 부족 등 몸 상태가 안 좋을 때는 무리하지 말고 중지한다.
5. 걷기 전에 가벼운 준비 운동과 스트레칭을 한다.

섭취

1. 가능한 하루 세 끼를 규칙적으로 섭취하고 어육류, 채소류 등의 반찬을 골고루 섭취한다. 매끼 고기, 생선, 두부, 계란, 콩 등 양질의 단백질을 한 가지라도 챙겨 먹는다.
2. 채소와 과일은 충분히 섭취하는 것이 좋다. 하루 1개 정도 우유, 두유, 요구르트 등의 유제품을 섭취한다.
3. 세 끼니 식사만으로 영양 공급이 충분하지 못할 때는 1회 식사량을 늘리기보다 식사와 식사 사이 간식을 섭취해 열량을 보충한다.
4. 평소 수분을 충분히 섭취한다. 되도록 갈증이 생기기 전에 미리

수분을 섭취하는 것이 좋다.

휴식

아무리 운동을 하고 영양가 있는 음식을 섭취해도 휴식이 보장되지 않으면 건강을 유지하기 힘들다. 휴식은 매일의 육체적, 정신적 피로회복에 없어서는 안 되는 건강 증진을 위한 필수 요소다. 휴식의 방법으로는 숙면과 반신욕이 있다.

1. 숙면을 위해 잠자리에 들기 전에는 불쾌한 일은 모두 잊어버리고 편안한 마음을 갖는다.
2. 반신욕으로 정신과 육체의 긴장을 풀어준다.
3. 만약 잠이 잘 오지 않는다면 따뜻한 우유를 마셔준다.
4. 적정 침실 온도를 유지한다.

양면

◆ 부록만화 ◆

심천, 마카오, 홍콩
좋은 사람과 떠나는 여행

여행은 설렘이다. 때론 어디로 가느냐가 아니라 누구와 함께하느냐가 더 중요하다. 9월 함께 일하는 실장과 늦은 휴가를 떠나기로 했다. 실장과 떠난 심천, 마카오, 홍콩 여행은 유난히 즐겁고 행복했다. 아마 최고의 파트너와 함께해서 일 것이다. 독서경영연구원 실장은 사실 오래된 나의 친구이기도 하다. 세월이 만들어준 또 다른 가족이 친구라고 하는데 그녀가 그렇다. 벌써 인연 나이테가 10년이 다 돼간다.

예전 학원이 어렵던 시절부터 연구원을 세우고 지금까지 이어진 인연. 나의 역사를 오롯이 함께해준 친구이자 비즈니스 파트너와의 여행은 일거양득이다. 허물없는 친구와 좋은 동료와 하는 여행이니 허심탄회하게 남편이며 아이들이며 속 이야기도 나누고 연구원 비전도 그릴 수 있었다. 그렇게 우리 둘은 중국의 부촌 심천, 작은 유럽을 떠올리게 하는 마카오, 온갖 아이디어뱅크 홍콩을 함께 여행했다.

중국의 가장 부자 동네라는 심천, 심천에선 어설피 돈 자랑하지 말라는 말이 있을 정도다. 부자 동네라 그런가 도로며 골목이며 그렇게 깨끗할 수가 없다.

거리마다 늘어선 큰 나무들은 초록 잎이 얼마나 무성한지 도시가 온통 초록빛이다.

불과 30년 전만 해도 작은 어촌마을에 불과했는데 중국에서 제일 먼저 경제특구로 지정되면서 화교의 자본, 외국 합작 기업에

힘입어 급속도로 근대적인 공업도시로 변모했다.

그래서 그런가 도시의 아파트며 빌딩 양식이 꽤 세련돼 별로 중국 같지 않다. 어쨌든 심천을 가보니 '중국이 정말 많이 발전했구나' 실감이 됐다. 아마 홍콩으로 가는 기착지라 관광 수입도 꽤 되겠지….

저녁 심천 민속촌에서 펼쳐진 야외공연도 환상적이었다. 그 규모하며 화려함이란, 이 공연을 보기 전엔 감히 어디 가서 공연을 봤다고 할 수 없을 정도다.

국내며 해외에서 이런 저런 공연들을 많이 봤지만 이곳 야외 공연을 따를 만한 공연은 없었다. 또 그 무대 앞에 장사진을 이룬 취재진·이것도 장관이라면 장관이랄까. 서커스, 의상 쇼, 전통춤, 레이저쇼, 분수, 폭포, 올림픽 개막식에서나 볼 법한 정말 많은 출연진들, 여기에 동물들까지 다이나믹·버라이어티의 진수다. .

'이 장관을 아이들도 봤으면 얼마나 좋을까' 좋은 구경거리에 절로 아이들 생각이 났다. 넓은 세상을 보면 그 가슴과 사고도 넓어질 텐데. 많이 아쉬웠다.

그리고 홍콩. 복잡한 빌딩 숲 위에서 춤추는 레이저, 심포니 오브 레이저 쇼. 이름 한 번 걸작이다. 누가 이 멋진 쇼를 기획했을까.

그의 머릿속이 궁금하다.

누군지는 모르지만 그에게 별명을 붙여주고 싶다. '심포니 오브 아이디어 쇼'라고. 2007년이었나 우리나라 완도에서도 홍콩을 쫓아 레이져 쇼를 기획해 지금껏 이어지고 있다. 도심 속 레이저 쇼와, 출렁이는 바다 위에 펼쳐지는 레이저 쇼 둘 다 우열을 가릴 수 없는 장관이다.

유난히 반짝거리는 밤의 도시에 있으니 까만 머릿속에서도 반짝반짝 빛의 향연이 펼쳐지는 듯했다. 추억과 아이디어 빛의 향연이…. 늘 유쾌하고 씩씩한 우리 둘, 새 세상을 맞이한 우리는 그 전보다 곱하기 100은 더 유쾌하고 씩씩해졌다.

여행이 둘을 10년 전 젊은 여인네로 돌려놓아 예전의 힘든 시절이며 연구원 초창기 시절을, 또 조금 있으면 펼쳐질 독서음악회 이야기, 아이들 이야기까지 떠올리게 했다.

나는 이렇게 이야기할 수 있는 친구가 있어서 좋고 귀 기울여주는 친구가 있어 좋다. 아리스토텔레스는 친구는 제2의 재산이라고 했는데, 나는 이 친구가 제1의 재산이다.

친구와 정을 쌓고, 비전을 찾고, 머릿속 영감을 반짝인 심천, 마카오, 홍콩 여행은 가을 최고의 결실이었다.

싱가폴 · 바람

타임머신을 타고
미래로 또 과거로

이제 늦가을에서 겨울로 접어들고 있다. 곧 찾아올 동장군은 또 얼마나 매서울까. 잠시 추위에 언 생각도 녹일 겸 독서여행 사전 답사도 할 겸 따뜻한 싱가폴로 떠나기로 했다. 마침 어릴 적 친구도 시간을 낼 수 있다고 해 함께했다. 나도 바쁜 일정에 쉼표가 필요했고, 친구도 매일같이 반복되는 일상에 느낌표가 필요하던 차였다.

소중한 많은 것들을 남겨둔 채, 떠오른 싱가폴 행 비행기. 비행

93

기에 오르며 난 아침이면 학교에 늦어 난리 법석인 아이들, 이제
나 저제나 프로젝트 성공을 위해 노심초사하는 남편, 나의 손길을
기다리는 책상 위 최신간, 내가 즐겨 듣는 모차르트 협주곡 21번
K476 2악장, 새벽이면 나를 산으로 데리고 가는 낡은 운동화… 모
두를 서울에 남겨두고 홀연히 떠나기로 마음먹었다. 빈 마음으로
떠나 새로운 에너지와 아이디어로 가득 채우고 오리라는 다짐이
었다.

  꼭 한 번은 가고 싶었던 나라, 싱가폴. 나는 싱가폴에 대한 환상
이 있었다. 책에서 리콴유 총리의 리더십을 읽고 나서부터였다.
벌써 4년 전이다. 아마 이번 여행은 내가 상상해온 싱가폴을 직접
확인하고 싶은 마음도 컸을 것이다.

  지금이야 부자 나라로 손꼽히고 있지만, 지금으로부터 40여 년
전 말레이시아 연방에서 쫓겨나다시피 원하지 않는 독립을 한 싱
가폴은 빈곤과 무질서가 판치는 곧 망할 것 같은 나라였다.

부존자원은커녕 마실 물도 부족해 이웃나라에서 사다 먹을 지경이었다.

이때 리콴유가 가장 먼저 펼친 정책은 정부재정의 건전화와 부정부패의 근절이었다.

세계적으로도 유명해진 강력한 벌금, 태형제도를 통해 법질서를 바로 잡고 범죄를 현저하게 줄인 것도 그의 대표적 업적 중 하나다. 출장비를 유용한 혐의로 사표를 써야 했던 어느 싱가폴 판사의 유용 액수는 우리나라 돈으로 10만 원 남짓에 불과했다고 한다.

또 그는 경제개발과정에서 소홀하기 쉬운 환경보호 사업에도 많은 노력을 기울였다. 그래서 많은 다른 나라와 달리 싱가폴은 공업화가 진행되면서 오히려 환경이 더 깨끗해지고 오염이 준 드문 경우라니, 리콴유 총리의 선견지명과 혜안에 놀라지 않을 수 없다.

이것 말고도 리콴유 총리와 싱가폴의 기적은 다 헤아릴 수 없을 정도로 많다. 아무튼 나는 리콴유 총리의 활약으로 반세기가 안 되는 시간 동안 아시아의 용으로 거듭난 이 땅 싱가폴에 대한 무한한 호기심과 기대감을 갖고 공항에 내렸다.

공항에 내려 리무진을 타러 가는 길. 나와 친구는 벌써 그 길에서부터 싱가폴에 매료되어버렸다. 예전 친구와 내가 어릴 적 살던 시골 마을, 그 어귀엔 마을을 상징하는 큰 정자나무가 서 있었다. 그런데 그런 정자나무가 도로가에 줄지어 늘어서 있는 것이다.

가이드를 따라 싱가폴 이곳저곳을 다니는데, 그의 말이 귀를 열어주고 눈을 열어주고 가슴을 열어준다. 세계에서 가장 안전한 나라, 마약이 없고 테러가 없어 일 년 내내 세계국제회의가 열린다고 하니…. 멋지다! 새삼 이 싱가폴이란 나라에 감동한다. 있을 건 다 있고 없어야 할 것은 없는 곳이 이곳, 싱가폴엔 무에서 유를 창조하는 가능성이 있고 불가능이 없다.

특히 하늘 높이 뻗어 있는 초록 나무가 많고 껌, 술, 담배, 모기가 없다. 역시 세계 무역 중심지답다. 바다 끝인지 하늘 끝인지 분간이 안 되는 바다이기도 하늘이기도 한 지평선 위엔 평소에도 1천여 척에 가까운 배가 떠 있다.

또 도시를 채우고 있는 건물들. 이름 모를 넝쿨이 타고 오르는 건물들이 도시를 숲으로 만들고 있었다. 그 아이디어와 아이디어를 예술적으로 실현시키는 그 감각에 눈이 휘둥그레졌다. 왜 싱가폴을 두고 아시아의 유럽이라 하는지 그 궁금증이 단번에 해소됐다.

싱가폴은 낮은 초록 세상, 밤은 무지개 세상이라 할 만했다. 휘황한 네온사인이 꼭 농염한 여인의 화장술 같다. 연인의 낭만을

실은 리버보트, 화려한 자태를 뽐내는 센콘웨이의 빌딩숲, 싱가포르 강의 아름다운 경치는 영혼을 흔들기 충분하다.

다음 날 우리는 인도네시아 바탐으로 갔다. 싱가폴에서 배로 불과 40분 정도 걸리는 거리. 가는 곳마다 기발한 아이디어와 첨단기술로 온갖 기형적인 건물이 눈을 사로잡던 도시에서 얼마나 떨어졌다고, 바탐은 그 어떤 문명의 손길도 머물지 않은 듯했다. 마을 원주민의 일상이 마치 어린 시절 우리 시골 마을 같아 마치 타임머신을 타고 40여 년 전으로 거슬러 오른 듯했다.

나무와 나무를 연결해 빨래줄을 만들고, 웅덩이를 파서 물을 길어 먹고, 말 그대로 뒷간을 연상시키는 화장실. 그리고 그곳 아이들의 눈빛 그 눈망울엔 계산을 모르는 순수함이 빛나고 있었다. 아마 자연과 친구하며 살기에 가능한 것 아닐까.

자연과 많이 닮아 있는 삶. 순수한 그들의 모습이 좋았지만 내심 한편으론 또 안타깝기도 했다. 옛 추억이 떠올라 반갑기도 했지만, 가난한 그들의 입성에 안쓰러운 마음을 지울 수 없었기에…. 그들이 선택한 삶이라기보단 방치됐다는 느낌을 지울 수 없었다. 너무 가난해 교육을 받지 못하는 아이들도 수두룩하다는 말에 가슴이 찡했다.

먹을 것이 없어 못 먹고, 책이 없어 보지 못하고 학교가 없어 학교에 못 가는 아이들. 삐쩍 마른 아이들이 바나나를 팔며 생계를 유지하는 모습을 보고 존우드의 〈히말라야 도서관〉이 떠올랐다. 독서경영을 하는 사람으로서 주위 사람들과 함께 언젠가 반드시 아이들을 위한 기적의 도서관을 지어주리라. 지금도 그 아이들의 눈망울을 잊을 수 없다.

지적의 두 나라. 타임머신을 타고 떠난 여행이었다. 그런데 한 나라는 미래로, 또 한 나라는 과거로의 여행이다. 리더가 누구이

냐에 따라 세상이 이렇게 달라질 수도 있다.

세상이 아무리 시끌시끌하다 해도, 인생이 아무리 복잡하다고 해도 진리는 단순하다. '나도 한 번 잘 살아보고 싶다!' 삶엔 이런 절규가 있어야 한다. 강도 산도 없는 싱가폴, 아무것도 없는 불모지 쓸모없는 땅. 이 땅에 눈부신 성장의 기적이 일어날 수 있었던 데는 그들 가슴에 삶에 대한 절규가 있었기 때문이다. 부존자원은 커녕 마실 물조차 이웃나라에서 수입해야 하는 나라에서 이를 다시 수출하게 된 나라. 무에서 유를 창조한 기적의 역사를 이룬 나라에서 삶의 절규를 배운다.

부자와 가난한 사람의 차이가 있다면 부자는 무엇을 팔까에 초점을 맞추고, 가난한 사람은 무엇을 살까에 초점을 맞춘다는 것이라 한다.

무에서 유를 창조해 다시 팔아내는 싱가폴이다. 역시 개인이든 기업이든 국가이든 성공하는 사람에게는 성공하는 이유가 있고 실패하는 사람에게는 실패하는 이유가 있다.

뉴질랜드 · 호주

마음의 휴식을 찾아

청정한 공기, 물, 자연을 수출하는 나라. 그 파란 하늘을 잊을 수 없다. 그리고 이번 여행의 고마운 책 동반자 〈좋은 기분을 도둑맞지 않는 법〉. 기분은 삶의 배경음악이며, 나쁜 기분은 독과 같다고 말하는 저자. 2020년이 되면 우울증이 국민질환이 될 거라 말하는데, 퍼뜩 정신이 들었다. 진짜 그랬다. 한국에서 진행하던 일에 차질이 있어 무거운 머리와 가슴으로 떠난 여행길엔 온통 슬픔의 눈물이 어려 있었다.

그래서 이번 여행에서 나쁜 기분, 독은 다 떨쳐버리기로 했다. 나의 문제, 영혼의 독이 되는 나쁜 기분. 철저히 혼자가 되어 한번 맞닥뜨려보기로 한 것이다.

일상에 갇혀 있으면 진정한 삶이 보이지 않는다. 벗어나 멀리서 바라본 나의 삶, 그 삶은 복잡하고 엉성하기 그지없었다. 어둠이 걷히고 새 날이 열리면 어김없이 뛰고 달리는 삶의 몸부림, 어떤 작품을 만들려고 그리도 심한 몸부림을 치고 있는지….

여행 6일째가 되니 내 문제에서 벗어나 점점 일상이 그리워졌다. 한국에두고 온 것들이 그리워지기 시작하면서 가슴에는 감사의 꽃이 피기 시작했다. 나의 손길을 기다리고 있는 책상 위의 서류들, 사람이 그리워지고 일이 그리워졌다. 역시 나를 행복하게 하는 것은 호젓한 낭만의 여행만이 아니다. 그간 내가 행복했던 이유는 일이 있고 사람이 있었기 때문이었다. 싱크대의 앞치마도 그립고, 즐겨듣던 그 감미로운 음악들, 걷고 뛰고 리듬을 타며 땀

흘렸던 운동화도 그립다.

그제야 눈부신 청정하늘, 초록 잔디, 초원 위의 그림 같은 집들이 보이기 시작한다. 지구에 이런 곳도 있음에 새삼 감사한 마음이 든다.

눈이 부시게 푸르른 하늘을 볼 수 있는 눈이 있어 감사하고, 하늘이 전하는 새 꿈을 느낄 수 있는 가슴이 있어 행복하다. 늘 푸른 잔디를 사뿐사뿐 걸을 수 있는 튼튼한 다리가 있어 감사하다.

양떼가 한가로이 잔디밭을 거닐고 사람의 수보다 농장의 가축이 더 많은 나라. 자연도 목장도 같이 놀고 함께 나이 들어간다. 눈만 뜨면 빌딩 숲, 소음 속에 치열한 경쟁을 하는 우리네 일상과는 너무나 다르다. 많은 것이 정반대다. 계절의 흐름도 일상의 흐름도… 한국은 봄인데 이곳은 가을이다. 국도에 묻혀 있는 풍부한 지하자원의 백을 믿고 있는 걸까? 도무지 바쁜 것이 없는 사람들, 경쟁의 치열함도 없고 끓어오르는 열정도 없다.

또 세상에서 가장 아름다운 도시라며 뽐내는 시드니는 어떤가. 아름다움을 뽐내는 오페라 하우스, 그 웅장함이 신의 은총 같다. 배 위에서 와인을 마시며 올려본 밤하늘. 쏟아지는 별빛. 아, 이 느낌을 어찌 다 담아갈까. 가슴에 다 담아두기에 내 가슴이 너무 작아 안타깝다. 사랑하는 사람들이 생각난다. 함께 보고 싶다. 모든 게 용서되는 순간이다. 그래 호주에서 이 한순간만 담아가도 충분하다.

다시 한국. 인천 공항 길을 달리는데 왜 이리도 가슴
이 시원한 것일까. 당신 우울의 감옥에서 탈출하고
싶은가? 그렇다면 여행을 떠나라.

대자연의 나라

캐나다

축복의 땅, 북아메리카의 절반을 차지하고 있는 나라, 아름다운 호수와 만년설의 로키, 대자연과 도시가 어우러진 환상의 나라 캐나다. 거대한 산과 끝이 보이지 않는 호수, 높고 파란 하늘, 그 안의 인간은 얼마나 작은 존재인지…. 자연의 경이로움 앞에선 숙연함마저 인다.

로키 산맥의 관문격인 밴프 국립공원 내 미네완카 호수. 미네완카는 아메리카인디언의 말로 '영혼의 호수'라는 뜻이다. 아메리카 인디언 전설에 의하면 이 호수에서 죽은 자들의 영혼과 해후했다고 한다. 이 전설을 들어서인가, 호수에 비친 하늘, 호수를 둘러싼 산세에 지친 영혼이 위로받는 듯했다. 또 캐나다 쪽 나이아가라 폭포를 이르는 말굽폭포에서 클립턴 언덕까지 이어지는 빅토리아 공원, 캐나다 지역은 물론 세계 곳곳의 여러 가지 나무와 꽃들을 심어놓아 이른 봄부터 늦은 가을까지 철마다 색깔이 달라지는 아름다운 장소다. 또 가도 가도 끝이 보이지 않는 이 공원의 바위 정원과 장미 정원은 얼마나 아름답던지.

이번 캐나다 여행은 COE 독서클럽 20여 분을 모시고 대이동을 했다. 아름다운 풍경과 맑은 공기에 마음이 편안해져서 일까. 여행 내내 웃음이 끊이지 않았다. 20여 명의 사람들이 모두 이렇게 즐겁기도 쉽지 않은데…. 이번 여행에서는 언어가 되는 내가 준 가이드 역할도 했다. 조크, 넌센스 퀴즈, 삼행시를 준비해 가 회원님들 배꼽을 뺐다.

책으로 소통하는 사람들과 여행을 떠나면 참 재밌다. 책을 많이 읽는 사람들의 2가지 공통점. 적재적소에 폭소를 터트리게 하는 유머러스. 순간순간 탁구공처럼 튀어오르는 센스티브 덕이다.

우리 팀에서 가장 행복하게 해준 사람에게 상을 주기로 했는데 영광스럽게도 그 수상자는 본인, 다이애나 홍이었다. 그러니 우리는 여행을 하면 칫솔, 우산만 준비할 게 아니라 조크, 넌센스 퀴즈, 삼행시도 꼭 챙겨볼 일이다.

7박 8일 독서여행의 준비물은 책 열 권이었다. 비행시간이 11시간이나 되다 보니 거의 대부분의 분들이 비행 중에 챙겨온 책들 모두를 읽어냈다. 캐나다에 도착해서는 낮에는 눈으로 자연을 공부하고, 밤에는 독서토론을 했다. 그러니 여행이 온통 책의 향기로 가득할 수밖에 없다.

매일 그날 여행을 하며 느낀 점을 나누고 자신이 읽은 책에 관해 이야기했다. 일상에서 벗어나 미지의 세계에서 평소와는 다른 방식으로 느끼고 상상해서인가? 아니면 머나먼 이국땅에선 무장해제가 되는 걸까? 문화, 예술, 철학 책들을 읽고 토론하는데 생각지도 못한 돌발 이야기도 많이 나온다.

캐나다의 역사와 철학 문화에 대해서도 토론했다. 특히 인상적인 캐나다의 존중 문화. 다양한 인종을 존중하며 서로 차별하지 않는 약자를 존중하는 문화에 감동했다. 그중에서도 4대 존중, 여성, 아이, 장애자, 노인이 존중 받는 문화는 꼭 배우고 반드시 퍼트리고 싶은 문화다.

여행은 새로운 장소로 떠나는 것이 아니라 새로운 시각을 얻는 것이라는 말, 다시 이 말을 되새기고 온 여행이다.

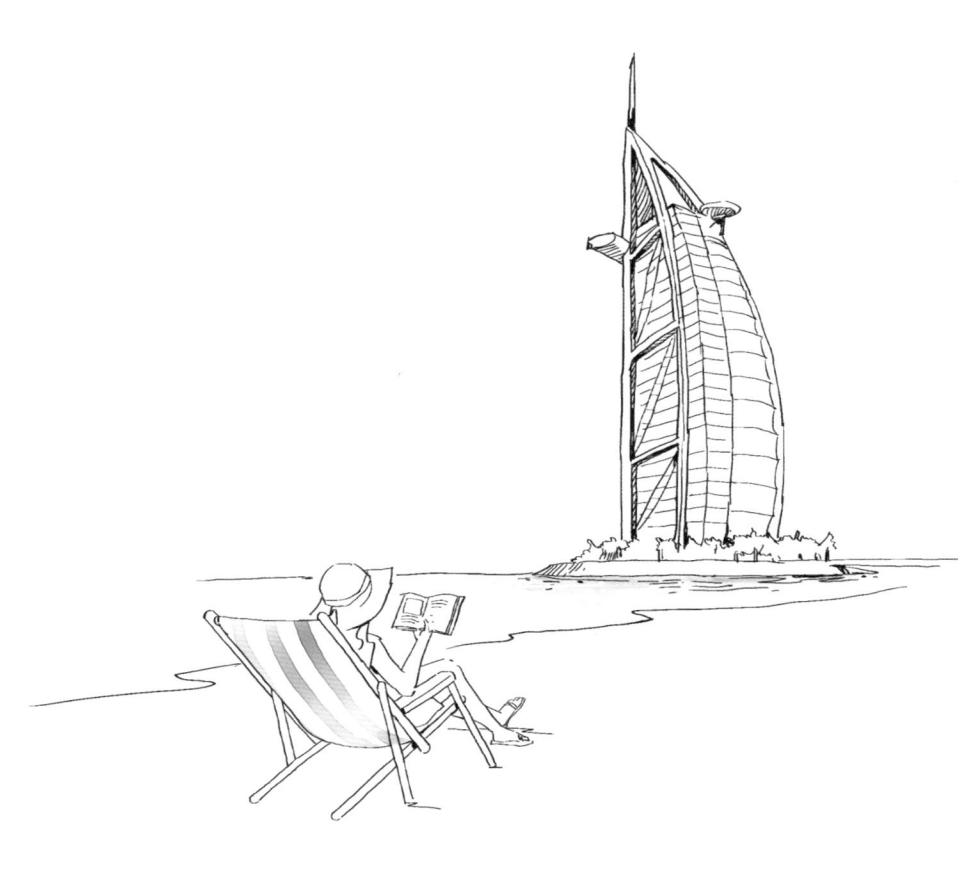

두바이

책으로 읽고 눈으로 확인한 세상

'CEO가 휴가 때 읽으면 좋은 책 30선'을 선정했다. 더위를 씻어주는 시원한 책. 영혼에 울림을 주는 책들로 고심해 골랐다. 그러고 보니 지난 겨울 싱가폴에 다녀오고 나서 통 여행을 떠나지 못했다. 아, 또 내 영혼에 기름칠을 해야 할 때가 왔나보다. 그래 부랴부랴 여름 휴가철 가족과 함께할 여행계획을 세워본다.

나는 자주는 아니더라도 꼭 챙겨 여행을 떠나려 노력하는 편이다. 굳이 해외가 아니더라도 국내라도 일상에서 벗어나 나만의 시간을 갖기 위해서다. 혼자만의 여행을 떠날 때도 있지만 가족과 함께할 때도 있고, 친구, 때론 독서클럽 회원들과 독서여행을 떠날 때도 있다.

여행을 떠나는 이유는 다람쥐 챗바퀴 돌듯 반복되는 일상에 한 번쯤 브레이크를 걸어줘야 일상 멀미를 방지할 수 있다는 생각에서다. 그리고 더 넓은 세상, 또 다른 세상을 보고 느끼기 위해서, 무엇보다 지금보다 더 행복하고 창의적인 삶을 살고 싶어서….

사실 그간 내가 읽은 책으로 따지면 세계 안 가본 나라가 있을까 싶다. 하지만 책은 책, 여행은 여행이다. 눈으로 읽는 세상과 발로 밟고 현지의 공기를 마시며 느끼는 세상은 비교대상이 될 수 없다. 낯선 타국, 전혀 다른 문화 속에서 삶에 대한 이해도 폭도 깊어질 수 있다. 한창 유행한 광고 카피 중에 '책으로 배웠어요' 시리즈가 있다. '운전을 책으로 배웠어요' '춤을 책으로 배웠어요' 같은 카피로 머리로만 이해하고 실전에 써먹지 못하는 우스꽝스런

116

상황을 비꼬는 광고였다. 아마 여행도 이 경우가 아닐까. 분명 책으로 바람을 느낄 수 없고 사람들의 표정과 하늘 빛을 볼 수 없을 테니. 그리고 우리가 상상하는 그 이상의 세계가 펼쳐져 있을지도 모를 테니.

내가 여행의 묘미를 처음 깨닫게 된 계기는 두바이 여행에서였다. 그리고 두바이 여행길을 재촉한 계기는 〈두바이 CEO의 창조경영〉이었다. 책을 읽고 당장 두바이로 떠나고 싶은 마음을 진정시킬 수 없었다.

어떻게 모래사막을 초록 세상으로 만들어낼 수 있을까? 정말 사막 한가운데 스키장이 있을까? 도저히 믿을 수가 없었다. 두바이의 영혼을 닮은 셰이크 두함마드의 신에 가까운 창조경영에 찬탄할 수밖에 없었다.

'언젠가 반드시 두바이로 가 기적의 현장을 이 두 눈으로 확인하리라.'

그날부터 나만의 시크릿 주문을 걸었다. 주문의 효과였을까. 불과 1달도 지나지 않아 한경아카데미 두바이 창조경영 벤치마킹 여행단 모집 공고가 떴다. 당시 서울대학교 AIP를 다니고 있었는데 마침 분과에서 기업 문화 프로젝트를 진행하고 있던 차라 장학금을 받고 여행단에 합류할 수 있었다. 그렇게 떠난 여행이니 도로의 풀 한 포기도 예사로 보아 넘길 수 없었다.

11시간 45분을 바다 건너, 사막을 따라 하늘 길을 따라 날아간 꿈의 나라 두바이. 눈으로 확인한 두바이는 상상 그 이상이었다. 세이크 무하마드의 리더십을 현장에서 확인하니 탄성이 끊이지 않았다. 그곳에서 창조 경영 현장을, 지도자의 힘을 느꼈다.

첫째 날, 남들보다 조금 일찍 일어나 1시간가량 호텔 주변을 걸으며, 두바이의 새벽 하늘을 올려다보는데 어느 마라토너의 말이 떠올랐다. "내가 넘어지지 않고 달릴 수 있는 것은 하늘을 볼 수 있기 때문이다." 하늘을 보며 걸을 수 있는 축복에 감사하며 1시간 내내 행복한 운동을 마치고 먹는 조식은 정말 환상적이었다. 수십 종류의 빵과 과일이 세팅 되어 있는데 그들이 손님을 어떻게 대접하는지, 손님을 귀히 여기는 접대문화에 깜작 놀랐다. 음식 세팅뿐 아니라 호텔 직원들의 서비스에도 감동받았다. 손님이 무언가를 원하기 전에 먼저 손님의 마음을 먼저 알아채 서비스하는데 마치 내가 공주마마라도 된 듯싶었다. 그러니 이 호텔에서 지내는 것만으로 스스로 굉장한 자존감을 느낄 수 있었다.

둘째 날부터 본격적으로 두바이의 기적을 확인했다. 요트를 타고 바다 저 먼 곳으로 보이는 버즈 알 아랍 호텔은 장관이었다. 바다에 인공 섬을 만들어 그 위에 지었다는 버즈 알 아랍 호텔의 위

용은 대단했다.

또 바로 눈앞에서 확인한 버즈 알 아랍 호텔의 웅장함이란… 그곳 사람들의 탄성이 하늘에 메아리가 되어 울렸다.

호텔 내부는 또 얼마나 화려하던지, 온통 금빛이었다. 기둥이며 바닥, 벽, 리프트, 심지어 휴지통까지 모두 진짜 황금으로 만들었다는 설명을 듣고는 또 얼마나 놀랐는지 모른다. 직접 눈으로 이 호텔의 이모저모를 살펴보니 왜 이 호텔의 하룻밤 숙박료가 1천만 원대를 호가하고, 왜 전 세계 최고의 부호들이 이곳으로 몰려드는지 알 것 같았다.

그리고 사막의 스키장과 사막 사파리 체험. 세계에서 두 번째로 큰 금시장과 없는 것이 없는 쇼핑센터. 이 놀라운 기적의 산물은 말로 글로 표현할 수 없음을 확인했다. 특히 사막의 스키장. 눈으로 확인하기 전 도대체 상상할 수 없었다. 그런데 정말 내 눈앞, 사막 한가운데 버젓이 스키장리 세워져 있었다.

사막의 사파리 체험도 잊을 수 없다. 광활한 사막을 질주하는 기분을 어떻게 설명할 수 있을까. 눈이 부신 황금빛 모래가 여인 네 속살같이 부드러울 수 없었다. 맨발로 걷고 뛰고 뒹굴고… 4500cc 짚차를 타고 사막의 언덕을 오르락내리락 하는데 마치 청룡열차를 타고 달리는 기분이었다. 몸도 마음도 꿈도 사막의 모래 위를 뒹구는 황홀한 체험이었다. 게다가 사막에서의 바비큐 파티 는 또 얼마나 낭만적이었는지 모른다. 사막 한가운데서 금방 밭에 뽑아온 듯 싱싱한 야채를 먹는 기분이란 체험해보지 않고선 도저 히 알 수 없다.

그날 떨어지는 태양을 손바닥에 살포시 올려 간절 한 소망을 담아냈던 기억이 아직도 생생하다

안락한 집을 떠나 늘 빌딩 숲에 싸여 있던 내가 비로소 우주의 중심에 서서 그 에너지를 그대로 받고 있는 듯했다.

작은 어촌 마을에서 '세계로 향한 중동의 허브' '오일머니를 빨아들이는 거대한 블랙홀'로 성장한 두바이. 책으로 읽은 두바이의 기적은 상상 그 이상이었다. 기존의 가치와 생각을 뛰어넘는 새로운 가능성을 보여주고 있는 두바이. 나는 이곳에서 두바이의 기적과 여행의 기적을 체험할 수 있었다. 우리는 세계 모두를 다닐 수 없기 때문에 책으로 대신 여행을 하기도 하지만 역시 현장 체험을 따를 순 없다. 그래서 이 여행을 다녀와 독서클럽 회원들과 독서여행을 기획했다. 책에서 얻지 못한 새로운 세상을 접하기 위해서였다. 그리고 여행에서 배운 현장의 살아 있는 이야기, 역사, 문화는 독서 강연에도 큰 도움이 되었다. 그래서 더 욕심을 내 여행을 다니고 있다.

누군가 "여행을 꿈꾸며 살아가는 삶은 언제나 청춘이다!"라고 했다. 이 말에 십분 동감한다.

대한민국

그래도 대한민국이 제일 좋다

아, 대한민국, 무조건 좋아라. 그동안 해외여행도 참 많이 다녔다. 하지만 여행을 끝내고 인천 공항 길을 달릴 때면 '아, 드디어 대한민국에 돌아왔구나' 안도의 숨이 쉬어진다. 다시 엄마 품 안으로 들어온 듯 평온하고 편안하다. 세계 유수의 문화를 보고, 배우고, 담아오는 것도 좋고, 우리나라보다 더 넓은 세상에서 다른 우주를 느끼고 오는 것도 좋지만 그래도 역시 대한민국만 할 순 없다.

그래서 국내 여행은 엄마 품에서 잠시 일상을 잊고 자연인 다이애나가 되는 시간이다. 그저 고향집 나들이 하듯 편안한 마음으로 여행을 즐기고 돌아오면 일에 임해서도 사람을 대함에 있어서도 왠지 더 여유로워진다.

수백 년 묵은 동백림과 야생 차나무가 어우러진 만덕산 기슭, 다산 정약용 선생이 귀양해 머물던 다산초당 가는 길도 또 얼마나 사람 마음을 편하게 하는지…. 다산이 홀로 걸었던 뿌리의 길을 아무 말 없이 걷고 있으면 새소리, 바람소리, 낙엽 뒹구는 소리, 자연의 소리가 내 마음 언저리에 내린다.

싱그럽고 맑아서 잠자는 영혼을 깨운다. '위대한 자연 앞에서는 침묵할 수 있어야 한다. 인간의 얄팍한 지식을 논하지 말라. 그래야 자연이 들려주는 귀한 소리를 들을 수 있다' 는 법정스님의 말씀이 절로 떠오른다.

자연의 소리에서 다산은 진정한 리더의 모습을 그려보았고, 백

성이 행복하게 살 수 있는 법을 상상했을 터다. 기름진 동백나무
둥치며 가지가 마치 어서와 안겨 쉬고 가라는 듯 손을 뻗고 있는
듯하다. 윤선도 생가며 달맞이 고개에서도 그랬다. 왠지 모르게
위안이 되고 옛 정취를 그대로 느낄 수 있었다.

　또 언젠가 아직 한창 더위가 기승을 부리던 8월 머리에 쉼표를
찍을 겸 떠난 제주. 공항에 내려 숙소로 향하는 도로에서부터 벌
써 한적한 시골 향이 마음을 푸근하게 했다. 높고 파란 하늘이 얼
마나 아름다운지… 숙소에서 맞이한 아침과 함께 찾아든 이름 모
를 새도 잊을 수 없다. 바닷가 황무지 모래밭에 야자수와 관상수
를 심어 가꿨다는 한림공원, 공원에 흐르는 음악소리와 조경 코스
별로 볼거리도 참 많다. 보고 있으면 절로 눈을 사로잡고 마음을
움직이는 제주도 자생식물과 워싱턴야자, 종려나무, 이름 모를 꽃
들. 기암괴석과 소나무, 모과나무 등 분재 구경에 시간 가는 것도

잊을 지경이었다. 8시간에 걸쳐 오른 백록담은 또 얼마나 신비롭던지….

그리고 남이섬. 상상망치 강우현 대표의 특강을 듣는데 가슴이 마구 쿵쾅거렸다. 정말 형언할 수 없는 놀라운 역발상의 창의성에 함께 했던 여행자들 모두의 영혼이 매혹되는 듯했다.

남이섬에 그야말로 버릴 것은 오직 '불가능' 하나였다. 술병이 꽃병이 되고, 잡초가 화초가 되고, 쓰레기도 써버리면 창조가 되고 내버리면 청소가 되는, 소주병으로 만든 이슬정원은 가히 무한한 상상력을 느끼게 했다.

발길 닿는 곳마다 옛추억을 생각하게 하고, 다시 또 오고 싶은 유혹을 던지는, 초록 나무들이 무성한 숲을 이루는 곳, 남이섬. 한

가로이 산책을 하고 있자니 남이섬이 바로 천국이다. 가만히 있어도 머리가 유연해지고 가슴은 뜨거워진다.

남이섬 설계자 강우현 님의 말대로 달밤이 참 좋은, 그리고 별밤이 더 좋은, 새벽을 걷어올리는 물안개를 마주하면 아무 말도 할 수 없는 남이섬이다.

· · · 친구 2 · · ·

얼마 전 오랜만에 부산에 다녀왔다. 언니는 허리디스크로 병원에 입원 중이고 동생은 심장 수술로 병원에 입원 중이고 아버지는 연세가 85세로 시름시름 아프시고, 왜 이렇게 다들 아플까.

한 바퀴 병문안을 모두 마치고 오랜만에 친구를 만났다. 부산의 싱싱한 횟집에서 소주 한잔을 나누니 세상 부러울 것 없어진다. 1년에 한 번 정도 만나는 친구. 가끔 이렇게 한 번 만나면 너무 반가워 어쩔 줄 모른다. 좋다. 친구가 참 좋다. 어쨌건 행복하다. 현실이 어찌되었든 그 순간은 행복하다.

그런데 어느새 변해버린 친구가 참 놀랍다. 눈가에 주름으로 그간 어떤 인고의 세월을 보냈는지 가늠이 된다. 피부는 또 어떤가. 그 예뻤던 얼굴은 다 어디로 갔을까. 얼굴도 이쁘고 몸매도 이쁘고 마음도 이쁜 친구다.

"요즘 우찌 지내노?"

"마아~회사 다니다가 힘들어서 때리쳤다아이가. 나이 들어 회

사다닐라카이 쉽지 않네. 야~ 세상에 쉬운 게 어디 있더노? 다 그
래그래 사는 거 아니겠나?'

"요즘도 산에 열심히 다니나?"

"마~아 회사 다니니까 산에 갈 시간이 어디 있노? 매일 돈 가고
일요일만 간다 아이가."

"니가 그리 산을 좋아하는데 우짜노?"

"또 좋은 시절이 안 오것나, 우짜노 그래 맞차 사는 거 아이가."

"맞다 근데 진짜 너무 반갑데이. 한 잔 더 묵고 힘내제이."

"가시나 니는 조컷다. 서울 가서 성공했다메?"

"아이다. 이제 시작이다. 죽을 고생 마이 했다 아이가."

"햐~아 너 근데 이제 공주 다 됐네. 그 여장부 같은 기질은 다
어디 갔노?"

"아이다. 부산 온다꼬 꼬랑 떨고 와서 그런기라."

유난히 산을 좋아하는 친구였다. 부산에 있을 때는 종종 같이 금정산을 올랐다. 다음날 아침에 눈을 뜨니 친구의 얼굴이 자꾸 스친다. 푸석푸석해진 피부와 주름진 얼굴이 못내 가슴 아프다. 얼마나 예쁘게 살 친구인데….

근데 친구야. 힘내라. 란도 샘이 그랬다.

그대 좌절했는가? 친구들은 승승장구하고 있는데, 그대만 잉여의 세월을 보내고 있는가? 잊지 말라. 그대라는 꽃이 피는 시절은 따로 있다. 아직 때가 되지 않을 뿐이다. 그대, 언젠가는 꽃피울 것이다.

다소 늦더라도 그대의 계절이 오면 여느 꽃 못지않은 화려한 기지개를 펴게 될 것이다. 그러므로 고개를 들라. 그대의 계절을 준비하라.

Tip2

다이애나 홍의 여행이란…

하나. 여행은 자신과의 대화이다.

여행은 세상과의 대화인 동시에 자신과의 대화이다. 넓은 세상에서 자신의 내면을 돌아보고 성찰할 수 있기 때문이다.

비행기에서, 장거리 버스에서, 걸으며, 숙소에서 여행자는 다른 누가 아닌 자기 자신을 만날 수 있다.

둘. 여행은 다양한 경험의 보고이다.

늘 똑같은 일상을 보내는 동안 주어진 환경과 선택지에 익숙해져 편협해지기 쉽다. 하지만 여행을 떠나면 새로운 환경과 세상에서 다양한 경험을 할 수 있다. 그중에는 아마 여행을 떠나지 않았다면 평생 생각도 해보지 못했을 많은 것들이 있다.

셋. 여행은 자아 발견이다.

일상에선 진정한 자신의 모습을 지나치기 쉽다. 혹은 진정한 자기를 인정하기 않기 쉽다. 일상에서는 주변 사람들의 시선, 지금 내가 하고 있는 일 등이 진정한 나와 대면을 방해한다. 하지만 여행을 떠나면 누구나 자신에게 진실해진다.

여행을 통해 진정한 자신을 찾을 뿐 아니라, 더 잘 수용하게 된다. 여행이 현실의 갖가지 선입견과 외부의 압력, 상황으로부터 자유롭게 만들어주기 때문이다.

넷. 여행은 호기심 발전소다.

호기심이 많은 사람의 세상은 새로움으로 가득하고 인생은 즐거움과 기대, 희망으로 충만하다. 호기심이 많은 사람은 삶이 무료할 틈이 없다.

세계 곳곳의 궁금한 장소에 가보고, 궁금한 광경을 보고, 궁금한 음식을 먹어보고, 궁금한 문화를 경험해보고, 궁금한 사람을 만나보고, 또 새로운 궁금증을 만들어내는 여행은 호기심을 확인하고 호기심을 유발하는 호기심 발전소다.

다섯. 여행은 통찰 계기를 만들어준다.

아는 만큼 보이고, 보는 만큼 배운다고 했다. 알기 위해서 현재를 깊이 보는 눈이 필요하다. 여행은 이 눈의 시력을 키워준다. 여행을 가기 전에는 환상을 보지만 여행을 가서는 현실을 본다.

환상과 현실의 차이를 구분하는 이가 환상도 조정할 수 있고 현실도 꿰뚫어볼 수 있다.

여섯. 여행은 내 눈으로 보는 것이다.

여행을 남의 눈이 아닌 직접 자신의 눈으로 보러 가는 것이다. 인간, 문화, 자연을 뉴스나 책으로 접하고 읽는 것이 아니라 여행으로 직접 체험하고 확인할 수 있다. 무언가를 통해 전달받을 때는 그 과정 속에 이해관계나 목적성이 더해져 있는 그대로 보고 느낄 수 없다. 하지만 여행을 하면 온갖 이해관계와 목적성에서 벗어나 자신의 눈으로 있는 그대로의 세상을 확인할 수 있다.

일곱. 여행은 창의성의 원천이다.

여행을 하면 빠른 시간 안에 다양한 경험을 쌓을 수 있다. 타임머신을 타지 않고서도 과거로 미래로의 여행이 가능하다. 또 일상에서 벗어나 집에서 멀리 떨어진 곳에선 평소와는 다른 생각을 할 수밖에 없다. 이런 다양한 경험, 다른 생각이 고스란히 창의성의 밑거름이 된다.

여덟. 여행은 자기애의 발견이다.

여행을 함으로써 자신을 사랑하는 법을 배울 수 있다. 꽃에 물과 거름을 주듯 자신의 삶에 시간을 주고, 휴식을 주고, 즐거움을 주고, 배움을 주는 법을 터득하게 된다.

여행이 끝났다고 여행에서 얻은 즐거움도 사라지는 것은 아니다. 여행은 자신과 삶에 대한 지속적인 사랑의 움직임이다.

아홉. 여행은 글로벌 마인드의 새순이다

글로벌 마인드는 토익공부를 열심히 한다고 생기지 않는다. 세계 각국에 고른 관심을 갖고, 그 세상과 문화를 이해하는 것에서 글로벌 마인드는 싹튼다. 여행이 곧 세상을 향한 관심이고, 세상을 이해하는 첫걸음이다.

열. 여행은 홀로서기다.

인간은 결국 혼자다. 누구도 대신 인생을 살아주지 않는다. 여행 중에는 스스로 해결해야 할 문제들이 많다. 매 순간 맞닥뜨리는 모든 상황에 대한 준비와 고민, 판단, 선택, 행동, 책임을 스스로 짊어질 수밖에 없다. 그래서 여행은 홀로서기다. 여행지에서 홀로서기를 경험한 여행자는 인생에서도 충분히 홀로 설 수 있다.

용현

◆ 서판례 시구 ◆

위로가 되어줘
나만을 위한 전용 극장

잊고 싶을 때가 있다, 현실의 혼란스러움을.

채우고 싶을 때가 있다, 지금의 허전함을.

취하고 싶을 때가 있다, 아름다운 추억 속으로.

빠지고 싶을 때가 있다,

지구상에 없는 사로운 아이디어가 가득한 세상 속으로.

이런 생각에 빠질 때마다 무작정 영화관으로 달려간다. 잠시 일상의 업무를 접어두고 달려간 영화관은 마치 고향의 어머니처럼 밀어내는 법이 없다. 그래서 그 품 안으로 달려가 폭 안기곤 한다. 특히 조조 영화를 보는 재미가 참 좋다. 미리 예매하지 않아도 언제나 나를 위한 VIP석이 마련돼 있으니….

혼자 영화를 보는 기분은 아주 특별하다. 한 번 혼자 보는 영화의 매력에 빠진 사람은 아마 다시 헤어나기 힘들 거다. 홀로 스크린 앞에 앉아 있으면 그 자리는 영화관이 아니라 바로 내가 보고 있는 영화 속 세상이다. 당연히 그 순간 주인공으로 변신해버린다. 주인공이 돼 눈물을 흘리고, 같이 키득거리고, 고뇌하고, 현실의 나는 까마득히 잊고 새로운 세상 속에서 살고 있다.

처음 영화를 즐기게 된 계기가 있다. 영어 학원을 운영할 때다. 그때 학원 강사의 반이 외국인 강사였다. 그런데 아무래도 외국인 강사 분들과 소통하는 일이 수월치 않았다. 그러다 소통할 수 있는 매개로 영화 관람을 선택했다. 당연히 외화들로. 수업을 끝내고 선생님들과 우르르 극장으로 몰려가 영화를 보고 나면 자연스레 이야깃거리도 풍부해지고 영어 실력도 향상됐다. 그렇게 영화 관람에 재미를 붙이다 보니 혼자서도 자주 영화관을 찾게 됐다.

언젠가 〈사장으로 산다는 것〉이란 책을 읽으며 눈물을 펑펑 쏟은 적이 있다.

어린 나이에 학원을 운명하며 나 또한 좌충우돌 어려움이 많았기에 책 속 이야기가 남 일 같지 않았다. 이 책 속에 이런 이야기가 나온다.

비는 내리고 어음을 막아야 하는데 돈은 없고, 배는 고프고 미칠 것만 같은데 차마 친구한테 돈을 빌려달라고 전화를 할 수도 없었다. 전화를 해봐야 퇴짜를 맞을 것이 뻔하고, 그로 인해 받는 스트레스를 도저히 감당할 수 없었다.

술이라도 한 잔 해야 그 기분이 풀릴 것 같았다. 그런데 술을 마시면 다음 날 일에 지장 있을 것이 뻔했다. 그래서 그 모든 걸 잊어버리려고 영화관에 갔다는 이야기다.

어쩌면 내 맘과 이리 똑같을 수 있을까. 나도 머리가 복잡하고 일이 잘 풀리지 않을 땐 영화관에 간다. 그러면 적어도 2시간은 답답한 현실에서 탈출할 수 있다. 영화를 보는 2시간 동안 내가 주인공이 되어 영화에 흠뻑 빠져 있는 동안은 그 어떤 잡념도 떠오르지 않는다.

영화 속 삶을 살며 황홀감에 정신이 아찔할 때도 있고, 짜릿함에 전율하기도 하고, 허무하고 억울해 억장이 무너지는 순간도 있다. 그리고 그렇게 현실에서 느끼지 못했던 희로애락을 온몸으로 느끼다 보면 어느 순간 정화된 나를 느낄 수 있다. 일상 중에 쌓인 우울함과 불안감, 긴장감 따위가 싹 씻겨나간 맑은 정신으로 현실과 마주하게 된다. 그러고 나면 단단하게 굳어졌던 마음은 어느새 풀어져 다시금 삶과 사람들을 감싸 안을 수 있다.

그래서 난 누가 스트레스가 쌓이고 머리가 복잡해 뭔가 일이 잡히지 않는다고 하면 영화라도 보라고 권한다. 그리고 영화 관람에 있어서만큼은 꼭 누군가와 함께 보려 노력하지 말라고 한다.

왜냐면 누군가와 함께 하려면 그와 시간을 맞추고 장소를 정하느라 지금 바로 해소해야 할 자신의 기분을 떨쳐내지 못할 수 있기 때문이다. 또 약속을 잡다 여의치 않으면 결국 영화를 못 볼 수도 있다.

그러다 보니 나는 거의 모든 영화를 혼자서 보는 편이다. 당연히 시간의 제약도 장소의 제약도 없다. 전국이 나의 전용 극장이다. 지방에 강의가 있는 날은 자투리 시간을 이용해 지역 극장을 이용한다. 그러니 한 달에 7, 8편의 영화는 꼭 보는 것 같다. 이 정도면 개봉 영화는 거의 모두 보는 거라 할 수 있다. 그리고 그렇게 혼자 영화를 보고 좋은 영화는 약속을 정해 가족이나 친구들과 함께 다시 관람한다.

그래서 나는 2번 이상 보는 영화가 많다.

나는 영화를 통해 동서고금을 종횡무진하고, 내 영혼은 날개를 달고 자유를 얻는다. 세련된 뉴요커가 되었다가, 영국 왕실의 우아한 귀족 부인이 되었다가, 지참금을 마련 못해 전전긍긍하는 인도의 가난한 처녀의 모습에서 다시 치열한 일상을 살아내는 대한민국 워킹우먼으로의 변신에 거침이 없다. 그리고 그 모든 삶을 온전히 내 것으로 살아낸다. 그러다 보면 10년 후, 20년 후의 내가 떠오른다. 지금 어떻게 살아야 하고 무엇을 준비해야 하는지, 베

풀고 나누는 삶이 얼마나 소중하고 의미 있는 것인지, 머리끝에서 손가락 끝 발가락 끝까지 뻗어 있는 혈관을 따라 뼈 마디마디마다 새겨 넣는다.

영화는 분명 삶을 풍요롭고 생각을 유연하게 하는 데 도움이 된다. 하지만 내가 꼭 이런 이유만으로 영화를 보는 건 아니다. 나는 독서 디자인을 하고 책을 수단으로 강의를 하는 사람이다. 독서는 단순히 책을 읽는 것이 아니라 생활을 읽는 것이고 삶을 읽는 것이다.

나는 영화를 통해 그 시대를 읽고 사람들을 읽는다. 실제로 강의에도 많은 도움이 된다. 영화가 나만을 풍성하게 하는 게 아니라 또 나를 통해 다른 이들에게도 그 에너지가 전달되는 것이다. 게다가 수다의 소재로도 영화만 한 것이 없다. 남들 험담하는 것보다 훨씬 건전하고 아름다운 대화를 나눌 수 있다.

나는 결코 잊을 수 없는 영화 속 장면, 명대사들을 되새기며 무성한 감각과 감성의 숲을 일군다. 이 숲이 있어 나는 정화될 수 있고 새로이 활력을 찾을 수 있다.

추억은 힘이 세다. 나이가 들수록 추억을 먹고 산다는 말이 있다.

영화를 보며 이미 사라져 없어져버린 시간 속에서 다시 내 눈부신 삶을 피워 올려보는 건 어떨까?

영화의 숲은 슬프지만 위로가 되고, 기쁨 중에 주변을 돌아보게 하며, 두려움 속에서 새로운 용기를 북돋아준다. 또 터무니없는 상상 속에서 내일을 보여주기도 한다. 그러니 이제 가끔은 영화의 숲에서 쉬어보면 어떨까?

상상할 수 없는 세상을 상상하라

아바타, 벤자민 버튼의 시간은
거꾸로 간다

상상은 힘이 세다. 상식을 뛰어넘는 상상의 눈은 발상의 전환을 일으키고 기업을 움직이는 동력이 되며 세상을 움직이는 씨앗이 된다. 지금은 당연하게 쓰이고 있는 컴퓨터도, 휴대전화기도, TV도 애초엔 누군가의 상상 속 가상 기기에 지나지 않았다. 전자 기기뿐 아니다. 학교도, 병원도, 극장도, 수영 골프 같은 스포츠도 모두 애초엔 누군가의 상상에서 비롯됐다. 시대를 막론하고 세상엔 늘 상상하고 변화를 주도하는 사람들이 있었다. 지금의 빌게이츠이고 스티브 잡스다. 그리고 영화계엔 제임스 카메론이 있다.

〈아바타〉는 제임스 카메론 감독이 영화로 만들어낸 상상의 세계다. 인간이 과학이라는 문명을 이용해 만들어낸 생명체 '아바타'와 신의 창조물이자 대자연과 교감하는 '나비족', 과연 운명의 신은 어느 편의 손을 들어줄지. 지키려는 자와 빼앗으려는 자의 긴박한 대립은 어떻게 끝이 날지. 끊임없이 발전하고 있는 문명세계와 태고의 신비를 간직한 대자연의 세계, 이 두 세계에서 인간이 지향해야 하는 삶은 무엇인지. 화두를 던지고 숙제를 남기는 영화 〈아바타〉. 제임스 카메론 감독은 3D로 실현한 환상적인 영상으로 첫 장면부터 보는 이를 압도해 영화 속으로 완전히 빨려들게 만든다. 신비하고 기이해 보이지만 아름다운 첫 장면. 대형 스크린에 펼쳐진 나비족의 생태는 무언가에 짓눌린 듯 답답한 가슴을 뻥 뚫어 주기에 부족함이 없다.

스토리도 영화 속 세상도 모두 감독의 상상의 결과물이다. 살면서 한 번도 꿈꿔보지 못했던 발상에 감탄을 터트리며 과연 인간의 상상력은 어디까지인지, 대체 영화를 만든 감독의 머릿속은 무엇으로 들어차 있는지, 존경과 부러움이 뒤섞인 감정이 일고 이 기발한 감독의 상상력을 훔치고 싶은 욕심이 생긴다.

역시 3조 원이 넘는 수익을 올릴 만한 가치 있는 영화였다. 특히 상상의 세계를 영상에 담아낸 테크놀로지 기술에 뒤지지 않는 스토리와 철학적 메시지를 담고 있어 그 흥분과 감동의 깊이를 더한다.

환상적인 숲 속, 신비로운 정글, 아름다운 영혼의 나무, 머리와 꼬리로 교감하는 나비족, 근육이 살아 움직이는 듯한 아바타의 움직임, 빛을 담은 눈, 물을 머금은 잎맥까지 선명한 나뭇잎, 이제껏 본 적 없는 거대한 절벽과 바위들, 매 장면 장면이 모두 명장면이었다. 영화를 보는 내내 어찌나 긴박하게 흘러가는지 숨 쉬는 것도 잊고 있었다.

감독의 상상력, 이를 받쳐주는 기술, 배우들의 연기, 영화에 동화하는 관객, 훌륭한 영화가 갖추고 있는 요건 중 무엇 하나 예사롭지 않은 것이 없었다. 제임스 카메론, 그의 상상력의 끝이 어디인지, 그의 상상력엔 끝이 없는 것만 같다. 진정 그의 능력과 특히 상상력을 훔치고 싶을 정도다.

게다가 이 영화로 나는 세대를 뛰어넘는 위대한 영화의 힘도 확인할 수 있었다. 전경련 IMI 총동문회 CEO 행사가 있던 날, 나는 이 영화를 네 번째로 보게 됐다. 그날 오전 행사를 마치고 오후 행사를 하기까지 대기 시간이 생겼는데, 비는 시간에 전경련 어르신들을 모시고 아바타를 보기로 한 것. 대부분 50대, 60대인 전경련 IMI 총동문회 20여 분과 영화를 보러 가는데 좋은 영화를 안내하는 그 기분이 또 남달랐다. 나야 워낙 영화 관람이 생활이라 할 정도로 빈번하지만 함께 영화를 보시는 분들 중엔 몇 년 만에 극장을 찾은 분들도 계셨다. 좋은 영화라는 확신은 있었지만 내심 개

인적인 취향일 수도 있는데 이 분들께 시간 낭비가 될까 조금 걱정도 되긴 했다.

그런데 웬걸, 영화가 시작하고 나비족이 사는 세상이 펼쳐지자, 정말 좋아하셨다. 저런 세상에 살고 싶다, 저곳이 바로 천국이야, 하시며 연신 감탄하시고 나비족의 수호신 '영혼의 나무'가 스러지는 장면에선 또 다들 어찌나 안타까워하시던지. 영화를 보고 나서도 "눈이 시릴 정도로 아름다운 환상의 세상에 다녀온 기분이다" "천국에라도 다녀온 기분이다" "덕분에 새로운 에너지를 얻었다"라며 고맙다 하시는데 영화를 추천한 사람으로 또 어찌나 보람되던지.

만약 누군가 "당신 인생의 영화 한 편은 뭐죠?"라고 묻는다면 난 아무 망설임없이 "아바타"라고 대답할 것이다.

네 번이나 봤지만 볼 때마다 경이롭고 감탄스러운 작품이다. 영화가 시작하고 끝날 때까지 어느 한 장면이라도 놓칠까 잠시도 화면에서 눈을 떼지 못했다. 2탄 3탄도 준비하고 있다니 정말 기대가 된다.

그리고 일어나지 않았으면 하는 상상의 영화, 〈벤자민버튼의 시간의 거꾸로 간다〉 역시 상상의 위력을 느낄 수 있는 영화였다. 어떻게 갓난아기를 80세 노인으로 태어나게 했을까? 정말 상상할 수 없는 비극이다.

비극의 주인공은 벤자민 버튼. 걸음마를 해야 할 나이에 휠체어 타는 법을 배우고, 노인의 몸으로 걸음마를 배우며 벤자민은 해가 갈수록 젊어진다. 노인의 몰골을 한 아기의 키가 점점 자라고 생각도 자란다. 그리고 그는 더 젊어져 아름다운 발레리나와 사랑에 빠진다. 둘은 죽도록 사랑하지만 시간이 갈수록 벤자민은 더 어려지고 데이지는 더 늙어간다. 급기야 노인 벤자민은 날이 갈수록 점점 더 아기가 되어간다. 그리고 끝내 자신이 그토록 사랑했던 여인의 품에서 갓난아기의 모습으로 생을 마감한다.

어떻게 이런 일이 일어날 수 있을까?

〈벤자민 버튼의 시간은 거꾸로 간다〉는 너무 슬프지만 또한 아주 아름다운 감동을 주는 영화다. 가슴에 잔잔하지만 아주 애처롭고 애틋한 파문을 일으킨다.

청년 벤자민과 사랑스러운 발레리나. 둘의 사랑은 눈이 부시도록 아름답다. 누구에게나 청춘은 한때이지만 시간의 방향이 다른 이 둘에게는 세상 그 누구보다 짧고 절실한 찰나에 지나지 않다.

이 영화는 이 말로밖에 표현할 수 없을 듯하다.

"사랑할 수 있을 때 사랑하라…!"

시간이 얼마 없는 이들에겐 지금 이 순간 내 안의 모든 사랑을 쏟아내는 수밖에 없다. 분명 끔찍한 상상의 영화지만 아주 사랑스럽다.

"이 세상에 그 어떤 것도 영원한 것은 없습니다. 그러나 당신을 향한 나의 사랑은 영원합니다."

아직도 주인공의 대사가 귓전에 맴돈다. 유한한 시간 속에서 지나간 삶을 다시 살 수는 없다. 사랑할 수 있을 때 사랑하자.

현실 세계에선 꿈도 꾸지 못했던 가상의 세계의 보여주는 〈아바타〉와 〈벤자민 버튼의 시간은 거꾸로 간다〉. 아직 접하지 않았다면 꼭 보기를 권한다. 열 권의 책을 읽는 것보다 훨씬 많은 것을 얻는 기회가 되리라 확신한다.

가족과 함께 보고싶은 영화

식객

모처럼 한가한 평일 저녁 온 가족이 모였다. 가족과 영화를 본 지도 오래라 다 같이 영화관으로 향했다. 영화는 〈식객〉. 마침 그 즈음 이 영화를 보며 아이들 생각이 많이 난 터라 주저 없이 선택했다. 주인공 성찬의 집념, 도전 정신을 아이들에게 꼭 보여주고 싶었다. 내가 너무나 잘 본 영화를 아이들은 어떻게 볼지 궁금하기도 했다. 그리고 또 얼마나 설레던지. 매일같이 보는 가족이지만 사랑하는 이와 무언가를 함께 나눈다는 것은 이렇게 설렌다.

특히 성찬이 자신이 기르던 소를 잡아 요리대회에서 우승을 했을 때, 아이들에겐 어떤 감정이 일었을지. 성찬 곁에 아무도 없을 때 그 옆에서 지켜준 소, 그 소를 위해서라도 반드시 우승을 해야 한다는 성찬. 비록 소를 잡을 수밖에 없었지만 그 과정에서 성찬이 보여준 삶에 대한 도리에 나는 깊이 감동했는데 아이들도 그랬을까?

아이들과 영화를 함께 보면 내가 전하고 싶은 감정을 말로 설명하지 않아도 통하는 지점이 생긴다. 엄마가 사람의 정, 소중함, 도전정신을 백 번 말하는 것보다 함께 좋은 영화 한 편을 보는 게 낫다. 아이들이 말하지 않아도 옆에 앉아 그 눈빛과 표정으로 읽을 수 있다. 굳이 내가 가르치려 하지 않아도 배우고 또 가족과 공유하는 감동도 느끼는 것이다.

"음식의 맛을 느끼는 것은 혀끝이 아니라, 가슴이다."

이 멋진 말도 아이들과 함께 나눌 수 있어서 좋았다. 사랑하는 가족이 한 공간에서 같은 마음의 울림을 느낄 수 있다는 사실이 참 행복했다.

〈식객〉은 요리가 곧 삶이 되는 영화였다. 살아 있는 식재료를 다루는 사람들의 이야기 속에 인물들 간의 다양한 심리 대결과 삶의 애환을 담아내고 그 끝에 감동을 이끌어낸다. 이 영화를 보면 더 이상 음식이 음식으로만 보이지 않는다. 음식이 곧 예술이고, 영화 속에서 펼쳐지는 음식전쟁 또한 예술의 향연이다.

이 영화를 통해 새로운 배움을 얻을 수 있었다. 음식을 여태까지와는 다른 관점에서 생각하게 된 것이다. 단순히 배를 불리는 수단으로만 음식을 생각하는 게 아니라, 행복을 가져다주는 매개체로 여기게 됐다. 그냥 음식만 먹을 것이 아니라 대화와 분위기를 함께 먹어야 한다.

맛있게 먹는 것이 하루 일과 중 행복의 크기가 가장 크다는 사실도 배웠다. 입속에서 맛의 반응들이 생각을 만들어내고 잠재된 느낌들이 신경세포를 깨워서 온몸의 60억조 개 세포를 행복하게 한다니, 오묘한 육체의 구조가 새삼 감탄스러울 뿐이다. 게다가 먹는 방법에 따라 달라지기도 한단다.

음식의 맛을 혀로만 느낄 수 있다는 생각도 착각이었다. 뇌는 2초 이상 혀에서 남아 있지 않는 맛은 인식하지 못한다고 하니, 사실 혀로 느끼는 미각뿐 아니라 시각, 청각, 촉각, 후각 이 모든 감각으로 맛을 느끼는 것이다. 뇌는 확실히 전달된 맛의 감각만을 인식하고, 편안한 상태에서 음식을 먹으면 우리는 온몸의 세포로 이를 감지하고 행복해진다고 한다. 또 그게 바로 건강으로 이어지는 것이다.

오늘은 모처럼 솜씨를 발휘해 식구들과 음식이 아닌 행복을 나눠야겠다.

위로와 치유, 용기의 영화

블랙, 어거스트 러쉬

아, 이 얼마나 아름다운 삶인가!
순수… 맑음… 사랑…
불가능은 없다…

영화는 끝이 났지만, 자리에서 일어날 수가 없었다. 무대 뒤에서
주인공 미셜이 가만히 나를 지켜보고 있는 것만 같았다. 영화를
보는 내내 중간 중간 박수를 치고 싶은 것을 참느라 혼났다. 억제

할 수없는 이 감동, 어찌하오리까? 소리 없는 마음의 박수갈채를
보낼 수밖에.

보지도 듣지도 못하는 지체장애아 소녀 미셜. 어린 미셜의 세상
은 온통 '블랙'이다. 차라리 세상의 빛을 기대할 수 있었던 엄마
뱃속에서의 열 달이 미셜에겐 더 따뜻하고 밝은 세상이지 않았을
까? 뱃속보다 더 따뜻하지도 안전하지도 않은 깜깜한 암흑의 세
상, 갓 태어나 난 미셜에겐 얼마나 무서운 곳이었을까?

그래서인지 미셜은 아주 난폭하고 거친 소녀로 성장한다. 닥치
는 대로 부수고 던지고 깨트리고 마치 어린 아이가 아니라 괴물이
자라는 것 같다.

전혀 소통하지 못하는 아이 미셜. 그러나 이런 미셜에게 천사
같은 선생님이 나타난다. 사하이 선생님. 그는 부모도 포기한 미
셜을 붙잡고 오직 손가락 감각과 입술의 움직임으로 글자를 가르
치기 시작한다. 손가락 감각을 통해 꽃, 나무, 흙을 알려주고 예절

을 가르친다. 결국 사하이 선생의 지극한 사랑이 기적을 만들어낸다. 미셜이 당당히 대학 면접시험에 합격한 거다.

영화 중 가장 가슴 떨리는 장면. 면접관의 질문과 미셜의 답변은 지금 떠올려도 다시 심장이 멎는 듯하다.

면접관: 세상에 대양은 몇 개입니까?

미셜: 제게는 물 한 방울도 대양입니다.

면접관: 인도에서 보면 미국은 북쪽입니까?

미셜: 지구는 둥글게 돌아가니까 어느 쪽도 될 수 있습니다.

면접관: 지식은 무엇이라고 생각합니까?

미셜: 지혜의 빛이요, 생명입니다.

이 장면에선 나도 모르게 어느새 일어나 박수를 치고 있었다. 손바닥이 아플 만큼 힘차게 힘차게. 면접관에게 이렇게 답변을 하는 미셜은 천재가 분명하다.

영화를 보는 내내 주인공의 대사가 바로 나에게 하는 말 같아 심장이 멎고 울컥했다. 그 말이 내 존재의 빛을 밝혀주는 듯했다.

"저 아이에게 안 가르쳐주었던 단 한 단어는 '불가능' 입니다."
사하이 선생님의 이 말이 내게 큰 용기를 줬다. 그리고 … "어둠이 필사적으로 널 집어 삼키려 할거야. 하지만 넌 항상 빛을 향해 걸어가야 돼. 희망으로 가득한 너의 발걸음이 날 살아 있게 할거야. 미셜" 이라고 하는데 어느새 내 눈에서는 소리 없이 뜨거운 눈물이 흐르고 있었다.

결국 블랙은 지식의 색이요 빛의 색이었다. 미셜는 눈으로 보는 것이 아니라 마음으로 보았고, 귀로 듣는 것이 아니라 마음으로 들었다.

그리고 또 하나의 기적의 영화 〈어거스트러쉬〉. 싱어이자 기타리스 아버지와 촉망받는 첼리스트 어머니 그리고 이 둘의 사랑의 결실 음악 천재 어거스트 이들 가족은 한 번도 다 함께 인 적이 없다. 심지어 아버지와 어머니는 아들의 존재조차 모른다. 그러나 신은 그들에게 사랑의 주파수, 음악을 선물했다. 서로의 존재조차 몰랐던 가족이 음악의 힘으로 다시 만나게 된다. 이 영화는 간절히 원하면 반드시 이루어진다는 진리를 증명한다. 그리고 영화 내내 가슴을 울리는 아름다운 음악. 이 영화 속 음악이 사랑을 전하는 신의 음성이었다.

사랑의 힘은 위대하다. 영화가 끝나고 역시 자리에서 일어날 수 없이 무감각해졌다. 좋은 영화는 마음을 붙잡는다. 막은 내렸지만, 그 감동의 순간은 영원하다.

세상이 온통 아름다운 스토리로 채색되고 오랜만에 사랑에 무감각해져 있는 영혼을 흔들어 놓았다.

이런 마음이 들 땐 사랑하는 사람에게 문득 전화를 걸고 싶어진다. 내가 사랑하는 사람들에게, 사랑한다고, 많이 사랑한다고, 그리고 마음껏 행복하라고.

세상을 살며 보이고 들리는 것이 전부라면 그 삶에
어떤 희망이 있을까. 보이지 않는 힘을 깨우쳐주고
그 놀라운 기적을 증명하는 영화 〈블랙〉과 〈어거스
트러쉬〉다.

목 놓아 울고 싶을 때 보는 영화

밀양, 친정엄마

세상에서 가장 아름다운 물은? 포스코 ICT 임원독서 코칭에서
내가 던진 질문이다. 답은 눈물. 마중물을 생각하고 던진 질문에
어느 분이 눈물이란 답을 주셨다. 그렇다 눈물만큼 아름다운 물도
없지 싶다. 마음을 씻어주는 물이 눈물이다.

밀양은 이 눈물을 참 많이 흘리게 한 영화다. 고맙
다. 많이 울게 해서. 울고 나니 이상하게 마음은 깨
끗해졌다. 눈물로 모두 씻어내어 그럴까.

한 여인의 삶이 그렇게 비극적일 수 있을까. 처절하고, 비참하고, 당신이라면 이래도 살겠냐고 묻고 있다. 믿음이 깨지고, 사랑과 배신과 복수, 그리고 용서, 한 여인의 절규….

처음부터 영화가 끝나는 순간까지 얼굴에 눈물이 마르지 않았다. 남편이 죽고 주인공 신애가 다시 잡은 희망의 끈은 바로 사랑스러운 아들 준이. 그러나 가혹한 운명은 그 희망의 끈마저 끊어버린다. 아들마저 유괴범에게 납치돼 살해당한 것이다. 반 실성을 해 방황하던 신애는 다시 한 번 교회를 찾아 삶의 끈을 잡는다. 그리고 하느님의 뜻에 따라 살인자를 용서하러 교도소로 향한다. 그런데 이미 하나님께 용서를 받고 평안을 찾았다는 살인자.

"그 사람은 이미 용서를 받았대요. 근데 내가 어떻게 다시 그 사람을 용서하냐고요. 살인마도 예수가 용서하면 다 되나요? 피해자인 내가 용서를 안 했는데 누가 용서를…."

절망한 신애는 절규한다. 마지막 삶의 끈이라 생각한 신에게마저 배신당했다는 처절함에.

이 영화를 어떻게 해석해야 할까. 답답하고 막막하고 슬프고 처절하다. 내 안에 이렇게 눈물이 많았나 싶을 정도로 펑펑 울었다. 마지막 보루로 남겨두었던 신까지 의심케 만드는 영화다. 삶이 이토록 처절할 수도 있다니…. 밀양(密陽, Secret Sunshine), 태양의 비밀이 의미심장하다. 실낱 같은 희망조차 없는 여인의 삶에서 다시 모든 살아 있는 것의 존엄함을 되새긴다.

〈친정 엄마〉도 보면서 얼마나 울었는지 모른다. 여행길 비행기

안에서 봤는데 동행한 친구도 나도 말을 이을 수 없었다. 온 가슴의 눈물을 다 쏟아버렸다. 돌아가신 엄마 생각도 나고. 우리 엄마도 살아계셨으면 똑같았을 텐데…. 부모는 자식 마음을 헤아려도 자식은 부모 마음을 헤아리지 못한다.

편편치 않은 살림에 아등바등 동전을 모으는 친정엄마. 엄마는 아궁이에 숨겨뒀던 동전을 꺼내 서울로 유학 가는 딸에게 건넨다. 가방 가득한 동전뭉치는 어찌나 무거워 보이던지. 그 가방에 실린 친정엄마의 삶의 무게 때문이리라.

엄마도 돌아가시며 자식들에게 68만 원을 주고 떠나셨다. 아마 엄마의 전 재산이었을 거다. 그 돈을 받아 쥐고 얼마나 울었던지. 차마 그 돈을 쓰지 못해 아직도 간직하고 있다. 엄마가 남기고 간 돈이 아니라 정과 사랑을 써버리기 싫어서다. 영화도 영화지만 엄마 생각이 나 더 슬프고 따뜻했다. 영화로 다시 엄마를 만날 수 있었으니까. 엄마가 지금 내게 '지금 힘드니? 네 잘못이 아니야. 다 잘 될 거야. 그냥 삶의 과정일 뿐이야' 라며 내 어깨를 토닥인다.

가족과 함께 보고싶은 영화

그대를 사랑합니다, 맘마미아,
레터스 투 줄리엣

영화를 보며 새로운 삶을 산다. 아름다운 사랑 영화를 보면서 못 이룬 사랑의 추억을 다시 만들기도 하고, 보고 싶은 엄마를 만나 펑펑 가슴 속 응어리를 풀어내기도 한다. 영화속, 스크린 속으로 내 모습이 오버랩되고 무의식 중 또 다른 내 인생이 어떻게 꽃피어나는지 상상의 날개가 돋아난다.

이 세상에서 살아가는 사람들의 수만큼이나 많은 사랑과 이별. 그만큼이나 많은 사랑 영화가 있다. 그중에서도 조금은 더 특별하

179

고 약간은 더 아름다운 사랑 이야기 〈그대를 사랑합니다〉, 〈맘마미아〉, 〈레터스 투 줄리엣〉. 이 영화들을 보며 그 많은 사랑 중 내가 하지 못한, 어쩌면 내가 아직 이루지 못한 사랑의 추억을 만들어본다. 〈맘마미아〉 이렇게 유쾌하고 즐거운 영화가 또 있을까. 귀에 익은 음악과 열정적인 청춘 남녀의 사랑, 그리고 모녀간의 사랑. 이 영화 덕에 한동안 내 차 안은 온통 맘마미아 음악 소리로 가득 찼다.

영화를 보며 즐거운 상상이 끊이지 않았는데 바로 돌아가신 엄마에게 애인을 만들어주는 상상이었다. 엄마가 살아계셨다면 정말 멋진 애인을 만들어 드렸을 텐데. 중년의 여성이 다시 새로운 소녀의 삶을 살 수 있다는 설렘이 느껴지는 영화. 잠시나마 영화 속 주인공이 되어 유쾌하고 멋진 사랑을 했다.

이보다 더 사랑의 설렘을 느낄 수 있었던 영화 〈레터스 투 줄리엣〉. 눈부시도록 아름다운 영화였다. 영화처럼 살고 싶어지게 하는 영화. 전 세계 여성이 비밀스런 사랑을 고백하는 '줄리엣의 발코니', 이곳에 백발 성성한 클레어의 러브레터가 날아온다. 그리고 클레어의 편지에 답장을 한 소피. 그녀 앞에 기적처럼 클레어와 그의 손자가 나타나고, 이들은 50년 전 클레어의 첫사랑을 찾아 떠난다. 기적처럼 재회하는 클레어와 그의 첫사랑. 50년의 세월이 지났지만 두 사람은 한눈에 서로를 알아본다. 포도농장에서 말을 타고 나타난 그 남자. 최고의 명장면이다. 아름다운 정원에 가든파티에서 결혼식을 올리는 두 노인의 사랑, 나이 들어 찾아온 운명 같은 만남. 이들의 만남이 축복이다. 아, 당장이라도 줄리엣의 발코니에 러브레터를 보내고 싶다.

〈레터스 투 줄리엣〉과 닮은 듯 다른 영화 〈그대를 사랑합니다〉. 이 영화도 온 국민이 다 봤으면 하는 명작이다.

이른 새벽, 달동네 가로등 아래 우유 배달을 하는 김만석 할아
버지와 폐지를 모으는 송 씨 할머니, 두 사람의 첫 데이트는 시작
되고 눈가에 눈물이 주르르 흐르는데 또 금세 입가엔 웃음이 피어
난다. 글을 모르는 할머니를 위한 연애편지, 미처 생각지 못했던
노년의 사랑, 그리고 그 사랑 또한 아름답다는 사실을 새삼 확인
할 수 있었다.

"송이뿐 그대를 사랑합니다."

케이크에 촛불을 켜고 노래를 하며 사랑을 고백하는 김만석 할
아버지의 고백에 박수 갈채를 보낸다. 가족, 사랑, 인생을 되새기
게 하는 〈그대를 사랑합니다〉이다. 〈맘마미아〉, 〈레터스 투 줄리
엣〉, 〈그대를 사랑합니다〉를 통해 사랑의 설렘과 기쁨을 다시금
확인할 수 있었다. 역시 사랑은 우리 모두의 가슴에 피어나는 아
름다운 꽃이다. 사랑하지 않는 사람, 그 가슴에 예쁜 꽃 자리를 비
워두길 바란다.

다이애나 홍의 강력 추천 영화

1. 아이들과 함께 보면 좋은 영화

꼬마 니콜라, 빨간모자의 진실, 해리포터 시리즈, 쿵푸팬더, 식객, 헬로우 고스트, 행복을 찾아서, 슈렉, 인생은 아름다워, 빌리 엘리어트, 마음이, 집으로, 패밀리맨, 스쿨 오브 락, 걸리버 여행기

2. 친구와 함께 보면 좋은 영화

블랙, 킬러들의 수다. 메가 마인드, 초록물고기, 친구, 왕의 남자, 하녀, 모터싸이클 다이어리, 써니, 레인맨, 박하사탕

3. 연인이 함께 보면 좋은 영화

쌍화점, 색계, 미인도, 신기전, 우리 집에 왜 왔니, 순정만화, 그해 여름, 내 머리 속의 지우개, 당신이 잠든 사이에, 우리 사랑일까요?, 친구와 연인 사이, 오만과 편견, 러브액츄얼리, 그 여자 작사 그 남자 작곡, 내겐 너무 가벼운 그녀, 멋진 하루, 시월애, 동감

4. 회사 동료와 함께 보면 좋은 영화

우생순, 과속스캔들, 풍산개, 테이큰, 엑스맨, 스파이더맨, 캐리비안의 해적, 활, 해운대, 라디오스타, 고지전, 투모로우

5. 부모님과 함께 보면 좋은 영화

애자, 맘마미아, 그대를 사랑합니다, 레터스 투 줄리엣, 시, 친정엄마, 하모니, 웰컴 투 동막골, 가족, 서편제

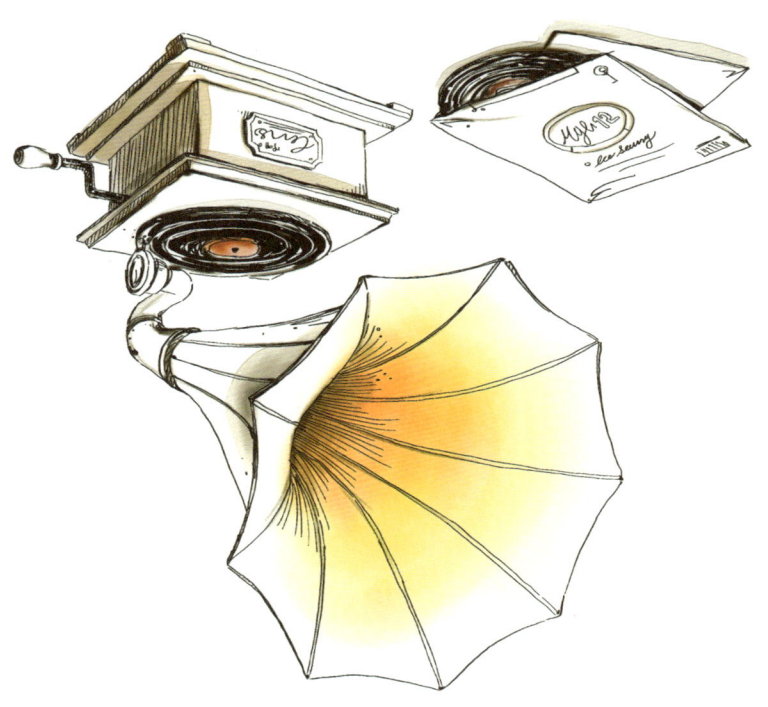

흠

◆ 비평에세이 ◆

희망의 소리, 꿈의 소리

연주자의 온몸에서 나는 소리

선진그룹 제2회 독서음악회, '1부 다이애나 홍의 독서코칭'을 끝내고 가벼운 마음으로 2부 음악회를 기다리고 있었다.

오프닝 노래로 모두의 마음을 여는 흥겨운 노래가 시작되자 벌써 가슴은 왠지 모를 흥분으로 벅차오른다. 그리고 새삼 얼마나 행복한 시간인지, 다시금 감사한 마음뿐이다.

'쿠니쿨라'의 멜로디가 흘러나오고 함께 박자를 맞추는 청중의 박수 소리가 강당에 메아리친다. 무대와 관객이 하나가 되어 축제를 즐긴다. 많은 사람이 음악으로 하나가 되는 아름다운 순간이다. 그리고 이것이 진정한 음악의 힘임을 다시금 느낀다.

김 승 님은 땀을 뻘뻘 흘리며 앙코르 곡으로 '여행을 떠나요'에 이어 '무조건'을 연주한다. 폴짝폴짝 뛰며 열정적인 색스폰 연주를 선보이는 김 승님의 몸부림은 그 자리의 관객 모두를 홀리는 마법이다.

이마에 맺힌 땀방울이 색스폰을 타고 흐른다. 대체 어디서 그런 열정이 나올까. 관객은 약속이나 한 듯 손바닥이 부서져라 짝짝 장단을 맞춘다. 연주하는 사람도 그 음악을 듣는 사람도 가슴 속 열정을 뜨겁게 달군다.

아, 그 순간 느꼈다. 김 승 님의 소리는 악기가 내는 소리가 아니라는 것을. 김 승 님이 내는 소리는 연주자의 온몸에서 소용돌이치며 나오는 절규의 소리, 희망의 소리, 꿈의 소리, 한의 소리였다.

음악은 악기가 내는 소리가 아님을 처음 느꼈고 완전히 반해버렸다. 아주 홀딱 반했다. 바로 연주자의 가슴에서 시작해 그의 온몸을 돌고 악기로 전해진 뜨거운 열정, 혈관을 타고 퍼진 그의 온 감각과 감정이 만들어내는 애절한 소리, 그 소리에 그 모습에 흠뻑 반해버렸다. 음악에 취한 내게는 어릴 적 추억이 날아들고, 싱그러운 바다 바람이 스쳤다. 눈부신 나의 미래도 보였다. 마치 푸른 계곡의 무성한 초록 숲 속 공주라도 된 기분에 빠졌다.

대체 얼마나 연습을 하면 이렇듯 마법 같은 음악을 쏟아낼 수 있는 걸까? 절규하듯 쏟아내는 열정의 소리를 만들기 위해 홀로 얼마나 긴 고독의 시간을 보냈을까?

머리로 기억하고, 근육으로 기억하고, 이제는 본능적으로 소리를 만들어내는 그 노련함이 바로 예술이다. 그 또한 피겨 여왕 김연아가, 산소탱크 박지성이 연습벌레 발레리라 강수지가, 자기의 몸이 망가지도록 연습, 또 연습했던 것처럼 온 열정을 불살라 연습했겠지. 이런 생각에 이르니 가만히 앉아서 듣기가 미안할 정도다.

지금 배우고 있는 바이올린. 한두 시간 정도 연습을 하면 아주 몸살이 난다. 너무 어렵고, 힘이 들어서. 두세 시간이 지나면 온몸의 칼로리가 모두 빠져나가는 것만 같다. 실제로 허기가 지고 기운도 뚝 떨어지는 듯해 벌렁 누워 좀 쉬지 않으면 다시 연습을 할 수 없다. 그래도 몇 년 후 멋들어진 바이올린 연주를 꿈꾸며 다시 악기를 집어 든다.

종종 인터넷으로 소리천사님의 바이올린 연주를 찾아 듣는데,

얼마나 멋진지 모른다. 클래식부터 트로트까지, 그의 연주를 듣고 있노라면 어찌나 부러운지, 온몸으로 만들어내는 바이올린 소리가 영혼을 흔들어 놓는다.

나도 언젠가는 이런 경지에 오르리라 다짐하며 또 바이올린을 켠다. 그리고 온 몸을 태워 바이올린으로 열정을 연주하는 그날까지 스스로에게 파이팅을 외친다.

힘 내세요!

우울증 치료하는 바이올린

눈이 부셨다. 너무나 아름다워서. 완전히 매혹되어 빠져나올 수가 없었다. 며칠 동안 그녀에게 매료되어 꼼짝도 할 수 없었다.

바이올리니스트, 박지혜.

눈물 나도록 아름답고, 눈부시게 아름다운 이 여성의 영혼이 자꾸 내 마음을 흔들어 놓는다. 그녀는 지독한 외로움을 견뎌내고 다시 우뚝 정상에서 선 반짝이는 빛이었다.

너무 어린 나이에 이룬 성공으로 우울증을 겪어야 했다는 박지혜. 그녀는 이미 열네 살의 나이로 독일 마인츠 음대에 최연소 입학을 한다. 원래 마인츠 음대는 16세 이상만 입학 할 수 있는데 뛰어난 재능의 박지혜를 알아보고 그녀를 입학시키기 위해 학교 규정까지 바꿨다는 것이다.

어머니에게 부담을 줄 수 없어 지원 제도가 잘 갖춰진 독일 유학을 선택한 박지혜. 그녀는 자신이 잡은 기회를 놓칠 수 없다는 욕심으로 앞만 보고 달렸다고 한다. 그러다 19세에 심각한 우울증에 시달리게 된다.

어린 나이에 먼 타국에서, 실패에 대한 강압을 갖고 더구나 대부분 고요하고 애절한 바이올린 곡들을 연주하다 보니 우울증이 찾아올 수밖에 없었을 것이다. 하기사 한국인으로 독일 국비 지원을 받아 미국 유학까지 갈 정도였다니 그녀가 얼마나 지독한 연습벌레였을지 가히 짐작이 되고도 남는다.

그런데 이런 그녀가 우울증에서 벗어나게 된 계기 또한 바이올린 연주였다고 한다. 우울증이 심각해져 한국으로 돌아온 후 우연히 소록도에 들어가 환자들 앞에서 봉사 연주를 하다가 우울증에서 벗어날 실마리를 찾은 거다.

소록도 공연 후 무기력증에 빠져 두문불출하는 그녀에게 어머니는 "네가 즐거운 것을 하라"고 했다. 그 말을 듣고 지루하지 않고 즐거운 연주를 시작했고, 이로써 '우울증을 치료하는 바이올린' 이라는 명작이 탄생한다.

박지혜를 살리고 세상을 살리는 우울증 치료 바이올린. 정말 이보다 좋을 순 없다. TV에 출연한 박지혜는 '찬찬찬' 은 물론 '고향의 봄' 도 그렇게 신나고 재밌게 연주할 수가 없다. 기존에 주로 듣던 바이올린 연주가 아니다.

또 그 모습을 브고 섬광처럼 아이디어가 떠올랐다. 바로 독서 강사인 내가 직접 바이올린을 연주하는 거다. 사실 '독서가 음악이다' 라는 취지로 실현하는 기존의 독서음악회는 아주 큰 호응을 얻고 있다. 하지만 예산이 너무 많이 들어 어떻게 하면 주최 기업에 부담을 덜 수 있을까 고민하던 차였다.

그런데 박지혜 양의 모습을 보고 큰 힌트가 되었다. 신나는 음악으로 독서 강의를 시작하는 거다. 지금 당장은 능력이 안 돼 바로 실행할 순 없지만 정말 가슴 뛰는 일이다.

그날 이후 바로 바이올린을 구입했고, 지금도 꾸준히 연습을 하고 있다. 레슨을 담당하신 선생님도 취지를 말씀 드리니 더 열심히 지도해주시는 것 같다. 가끔은 미래에 내가 강의에서 연주할 7080 라이브 유행가, 트로트도 연주해주시고. 아직 그 노래들을 연주하려면 갈 길이 먼데 선생님이 연주해주실 땐 벌써 내가 연주하는 양 착각하고 난리도 아니다.

한두 시간 정도 연습을 하면 아주 몸살이 날 지경이다. 너무 어렵고, 힘이 들어서. 두세 시간이 지나면 온몸의 칼로리가 모두 빠져나가는 것만 같다.

실제로 허기가 지고 기운도 뚝 떨어지는 듯해 벌렁 누워 좀 쉬지 않으면 다시 연습을 할 수 없다. 그래도 몇 년 후 멋들어진 바이올린 연주를 꿈꾸며 다시 악기를 집어 든다.

나는 원래도 긍정적이고 밝은 음악을 좋아했지만, 박지혜의 사연을 알고는 더 밝은 음악을 즐긴다.

〈모두 다 사랑하리〉, 〈나는 행복한 사람〉, 〈꿈을 먹는 젊은이〉, 〈사람이 꽃보다 아름다워〉 같은 노래들이다. 긍정적이고 희망적이고 배려가 묻어나는, 듣고 있으면 정말 내가 그렇게 변화한다. 그러고 보니 내가 존경하는 CEO 분들도 행복한 노래, 즐거운 노래, 희망적인 노래들을 좋아하시는 것 같다. 역시 시크릿 효과인가. 의식적으로 통제할 수 없는 부위를 음악이 활성화시킨다는 연구결과가 있다. 행복한 음악을 15초만 들어도 긍정적으로 감정을 컨트롤할 수 있단다. 그러니 이제라도 이왕이면 행복한 음악, 긍정적인 음악과 친해지고 볼 일이다.

삶의 울림

음악으로 사는 희로애락

2008년 서울 시향 마스터피스 시리즈 공연. 참 놀라운 연주회였다.

영화 〈어거스트 러쉬〉를 보며 영혼을 울리는 감동의 선율에 차마 숨소리조차 낼 수 없었는데, 이 공연이 그랬다. 신공의 곡을 신동이 연주하는 최고의 연주회. 2시간 공연 내내 뛰는 가슴을 진정시키기 힘들었다.

23분 동안 연주된 '모차르트 바이올린 협주곡 4번 D장조 K218' 이름 모를 악기들의 하모니가 예술의 전당 콘서트홀을 가득 메우고, 나뿐 아니라 다른 관객도 숨소리조차 내지 않고 미동도 없이 음악에 빠져들었다. 모두 하늘과 땅, 우주를 돌고 돌아 울려 퍼지는 음율, 하모니… 에 매료된 듯했다.

2부에 진행된 연주는 75분 동안 한 차례도 끊기지 않았다. 정명훈 지휘자의 작은 손끝에서부터 머리와 발끝가지 온몸으로 빚어내는 웅장한 선율은 마치 세상에 음악의 마법이라도 거는 듯했다. 그 긴 곡을 악보 한 번 보지 않고 완벽히 시현해내는 것도 놀라웠지만 그 긴 시간을 몰입해 하모니를 이루는 모습도 장관이었다. 음악과 일체가 되어 지나간 2시간, 그 시간 동안 내내 예술의 전당은 아름다운 음악의 에너지로 충만했다.

무대 위에 인생이 펼쳐졌다. 찬 겨울 휘몰아치는 바람, 잿빛 하늘의 흐린 어느 날, 아름다운 봄날의 따사로운 햇살에서 춤추는 삶, 희로애락이 보였다. 그래서 연주 내내 무대에서 시선을 거둘 수 없었다.

선율을 따라 어둡고 추운 세상으로 가 같이 추위에 떨기도 하고, 따뜻하고 포근한 어머니 품으로 가 편안히 쉴 수도 있었다. 사랑하는 이의 가슴에 포근히 안기는 황홀감도 맛보았고, 절절히 아팠던 상처를 떠올리게 하는 그림자 속으로 빨려들기도 했다. 음악 소리가 곧 삶의 울림이었다.

드디어 길고 긴 연주의 대미, 들릴 듯 말 듯 아련히 사그라지던 소리가 끝내 멈춘 순간. 지휘자의 손놀림도 멈췄고, 연주를 듣던 사람들의 심장도 멈췄다. 그리고 드디어 우레와 같은 박수 소리, 이번엔 연주가 아닌 박수 소리가 끝날 줄을 모른다. 그치지 않는 박수로도 2시간의 값진 선물에 화답으론 부족하다.

음악으로 마음이 움직이고 가슴이 뛰었던 그 순간, 그때 기적의 호르몬 '다이돌핀'이 혈관을 따라 온몸으로 퍼졌다. 오래오래 남을 아름다운 음악회였다.

가만 생각하면 음악이 삶이기도 하지만 또 삶이 음악이다. 경제만 해도 그렇다. 주가 변동 그래프의 오르락내리락 등락 곡선이 꼭 악표 속 음표들의 움직임 같다.

모든 경제는 눈에 띄지 않는 리듬에 맞춰 고동치고 진동한다. 매일 신문을 사고 기름을 넣고 우유를 사고 전화를 하고 세금을 낸다. 이 순간 쉼 없이 흐르는 경제음악에 우리는 춤을 춘다.

어느 순간 박자가 빨라지기도 하고 느려지기도 한다. 때로는 합창도 있고, 때로는 독창도 있다. 물건을 만들고 서비스를 제공하고 자금을 융통하고 정보와 데이터는 다시 지식으로 태어난다. 어제의 주가 그래프는 더 이상 없다.

오늘의 리듬에 따라 경제음악은 쉼 없이 흐른다. 삶
과 음악. 역시 떼려야 뗄 수 없는 사이임이 분명하다.

독서음악회
책과 음악의 향연

무작정 책이, 음악이, 자연이, 사람이 좋았다. 이것이 내가 살아 있다는 증거다. 책으로 숨 쉬고, 음악으로 영혼을 달래고, 자연으로 몸을 단련하며 사람에게 세상이 얼마나 아름다운가를 배운다.

책, 음악, 자연, 사람. 이 네 개의 기둥이 있기에 나는 오늘을 살 수 있으며 가슴 뛰는 삶을 살 수 있다.

홀로 떨고 있을 때, 칼날 같은 매서운 겨울바람에도, 언제나 말 없이 따뜻한 손을 내밀어 준 건 어김없이 네 개의 기둥이었다.

독서경영연구원을 출범하고 음악처럼 즐기는 독서의 힘을 알리고 싶었다. 아직 사람들이 책을 너무 진지하게고 어렵게만 접근하는 것 같아 안타까워서였다. 그래서 기획한 독서음악회. 제 1회 독서음악회를 준비하면서 마음에 풍랑을 맞은 듯 휘청거렸다.

주위의 많은 지인의 따가운 질책. 왜 그리 빨리 가느냐, 너무 급하게 가면 넘어진다, 좀 더 시간이 흐른 후에 하라, 예산은 어떻게 만들거냐⋯. 부정적인 말, 열정을 빼앗아가는 말, 지친 다리를 더 지치게 만드는 암세포 같은⋯ 그런 말들이 내 어깨를 더 처지게 만들었다.

가장 참기 어려웠던 것은 진심이 왜곡되는 듯한 메아리. 진정 책이 좋아서, 음악이 좋아서, 사람이 좋아서, 좋은 책과 좋은 사람들이 만나는 아름다운 장터를 만들려는 건데 왜곡된 메아리가 귓전을 때렸다.

일을 마치고 집으로 돌아갈 땐 흐르는 눈물이 운전을 방해했다. 갓길에 차를 세우고 혼자 크게 소리 내어 울기도 했다. 그래도 포기할 수는 없었다. 내가 제일 싫어하는 단어 포기. 포기는 배추를 셀 때나 쓰는 말이다.

결국 몇몇 지인의 따가운 질책을 뒤로 하고 독서음악회를 강행했다. 강행하며 무엇보다도 가장 큰 걱정은 사람과 돈이었다. 하지만 진심은 통한다고 기대도 않았던 많은 독서경영클럽 회원들의 협찬이 줄을 이었다. 정말 하늘이 돕고 땅이 도왔다.

그렇게 우여곡절 끝에 첫 번째 독서음악회를 열 수 있었다. 행사가 열리는 청사포 밤하늘은 또 어찌나 아름답던지, 그날 달은 달빛으로 별은 별빛으로 바다는 파도로 음악의 파동을 같이 나눴다.

모두 약속이나 한 듯 축복을 보내주었다. 바람도 잠시 고요히 잠들어주었고, 불꽃은 서둘러 피어났다. 아름다운 음악이 영혼을 따라 흐르고 사람들은 저마다 자신의 일처럼 오시는 손님을 반가이 맞았다.

독서음악회는 대성공이었다. 예상을 훨씬 뛰어넘는 따뜻한 마음들이 독서음악회를 찾아주셨다. 준비한 좌석이 모자라 별관까지 빌려야 할 정도였다. 책을 사랑하는 뜨거운 마음이 아름다운 음악을 만나 환상의 하모니를 이뤘다. 머리와 머리가 만나는 것이 아니라, 가슴과 가슴이 만나는 아름다운 예술의 현장이었다. 아름다운 음률의 시가 낭독이 되고, 독서발표로 열정을 나누었으며, 아름다운 소프라노 '그리운 금강산' 이 울려 퍼지면서 우리는 모두 한마음이 되었다.

그날 밤 사람이 꽃보다 아름다움을, 좋은 사람들이 뿜어내는 강력한 시너지를, 나누는 마음이 얼마나 귀한지를 배울 수 있었다.

또 진실한 마음으로 최선을 다하면 하늘이 돕고 땅이 돕고 아름다운 마음을 가진 사람들이 응원해준다는 진리도 배웠다.

주체할 수 없는 감동, 감화에 온 몸이 기적의 호르몬 다이돌핀으로 피어났다.

역시 음악은 힘이 세다. 음악이 그곳의 많은 사람들을 한마음으로 행복하게 만들어주었다.

"우리 이렇게 행복해도 되는 겁니까?"

아직도 그 밤 회원 분들의 이 말이 귓전에 생생하다. 그리고 감동도 여전히 이 가슴에 그대로 남아 있다.

우주에 보내는 전파 중 '사랑의 전파'가 가장 힘이 세다고 한다. 뜨거운 책 사랑, 음악 사랑, 사람 사랑을 우주에 전하는 날이었다. 그리고 또 한 가지. 앞으로 바람이 있다면 〈열린음악회〉 같은 〈독서음악회〉 프로그램이 생겼으면 좋겠다.

행복을 부르는 주문

작은 성취감을 자주 느껴라

꿈은 현실을 견디게 하는 힘이 있다. 무언가 되고 싶고 하고 싶은 목표가 불가능을 가능으로 바꾸는 에너지가 된다.

그래서 가장 행복하지 못한 사람은 꿈이 없는 사람이다. 월트 디즈니도 "만약 당신이 꿈을 꿀 수 있다면 당신에게는 그 꿈을 이룰 수 있는 능력이 있는 것이다" 라고 하지 않았나.

음악으로 꿈을 이룬 사람들이 있다. 최근 한국의 폴포츠로 CNN의 극찬을 받을 최성봉이 그렇고, 네 손가락의 피아니스트 이희아

양이 그렇다. 하긴 음악으로 꿈을 이룬 이들이 어디 이들뿐이랴.
그리고 음악으로 자신의 꿈을 이루려는 수많은 사람들, 그중에 우
리 아들도 있다.

'우린 우리가 하고 싶은 일을 하고 있고, 그것을 하
며 행복을 느낀다. 또 그것을 앞으로 계속할 수 있
고, 그것이 바탕이 되어 직업이 될 것이다. 우리가
하고 싶은 일을 하며 돈을 벌 수 있다는 게 얼마나 좋
은 것인가.'

언젠가 아들이 쓴 글. 지금 고등학교 2학년인 아이는 꽤 당차게
자신의 길을 가고 있다. 음악을 좋아했던 아들은 음악을 매개로
스트리트 댄서라는 자신의 꿈을 찾아 지금 그 길을 향해 열정을
다하고 있다. 그 모습을 보면 그리 대견할 수가 없다.

212

요즘엔 나도 토요일마다 바이올린 소리에 푹 빠져 지낸다. 얼마 전에 첫 곡 '봄 나들이'를 완주(?)했다. '나리 나리 개나리 입에 따라 물고요~' 아주 쉬운 동요 같지만 이 한 곡을 연주하기까지 얼마나 힘들고, 어렵던지…. 선생님도 "피아노는 웃으면서 들어갔다가 울면서 나오고, 바이올린은 울면서 들어갔다가 웃으면서 나온다"며 격려의 달을 건넨다. 이 말을 들으니 진짜 그런 것도 같다. 예전에 피아노를 3년간 배웠는데 그때도 많이 어렵긴 했지만 이 정도는 아니었었다.

연습이 어찌나 고생스러운지, 어깨몸살에 목도 아프고 손가락도 아려 뭐 하나 집기도 아주 곤란하다. '봄 나들이'를 연주하기 전까진 차마 음악이라 할 수 없는 수학 공식 같은 음들만 되풀이해 익혔다. 소리가 겹쳐 나오고 전혀 엉뚱하게 활을 긋는 실수를 반복하며 더 나아지기 위해 꾸준히 연습했다. 그래도 늘 연습이 즐거웠던 이유는 목표가 있었기 때문이다. 언젠가 나도 독서음악

213

회에서 바이올리니스트 박지혜처럼 멋진 연주를 해내리라는 꿈을 꾸고 있는 것이다.

힘들어도 도전할 꿈을 준 바이올린이 고맙다. 아주 간단한 곡이긴 하지만 이 곡을 연습하고 연주할 수 있다는 사실에 뿌듯한 성취감도 얻고, 이쁘다, 많이 이쁘다, 스스로를 칭찬하고 다독였다.

선생님과는 꼭 북콘서트를 열어 멋진 이벤트를 하기로 약속했다. 선생님의 첼로, 나의 바이올린, 큰아들의 팝핀댄스가 어우러진 독서 강연회를 갖기로 한 거다. 그날을 상상하면 벌써 연애하는 처녀아이마냥 가슴이 설렌다.

작은 성취가 꿈을 키우는 자양분이다.

혹시 이루려는 것들이 너무 멀리 있다면, 내가 이룰 수 있는 작은 목표 여러 개를 만들어보면 어떨까. 나처럼 악기 하나쯤을 배워도 좋을 것 같다. 음악이 꿈이 될 수도, 음악이 작은 성취를 이루는 수단이 될 수도 있으니….

가슴에 꿈이 있는 사람은 아름답다. 꿈이 미래로 향한 길을 만들고 이끌어준다. 5년 후, 지금의 내 꿈이 이뤄진 모습을 상상해본다. 내 안에서 솟아난 열정이 혈관을 타고 흘러 온몸의 세포를 깨워 춤추게 하고 진정으로 즐거이 노래한다.

다이애나 홍의 추천 음악

1. 하루가 즐거워지는 음악

베토벤 / 피아노 소나타 제14번 '월광', 피아노 협주곡 제3번

차이코프스키 / 교향곡 제6번 '비창'

브람스 / 대학축전 서곡

캐논 / 파헬벨

엘가 / 사랑의 인사

이문세 / 나는 행복한 사람

구창모 / 모두다 사랑하리

2. 긴장을 풀어주는 음악

헨델 / 메시아 중에서 '할렐루야'

바그너 / 쉬른베르크의 명사수, 싸움의 여신의 행진곡

멘델스존 / 교향곡 제4번 A장조 작품 90 '이탈리아'

드보르작 / 신세계

비발디 / 바이올린 협주곡 '사계'

엘가 / 위풍당당 행진곡

유키 구라모토 / Lake Louise

3. 우울할 때 들으면 좋은 음악

스메타나 / 나의 조국 중 '몰다우'

헨델 / 수상 음악

헨델 / 메시아, 할렐루야

드뷔시 / 야상곡

허밍 어반 스테레오 / 하와이안 커플

사이먼 앤 가펑클 / April Come She Will

강산에 / 넌 할 수 있어

4. 평온한 마음을 갖게 하는 음악

조수미 / 나가거든

호세 카레라스 / 사랑의 찬가

벨벳 언더그라운드 / Pale Blue Eyes

해바라기 / 행복을 주는 사람

한동준 / 너를 사랑해

여행스케치 / 별이진다네

송창식 / 사랑이야

5. 삶의 활력을 불어 넣어주는 음악

차이코프스키 / 교향곡 제6번 B단조 작품 74 '비창'

베토벤 / 바이올린 소나타 제5번 F장조 작품 24 '봄'

아바 / The Winner Takes It All

핸슨 / MMMBop

들국화 / 행진

한영애 / 조율

박상철 / 무조건

눈아

◆ 김민경 장편소설 ◆

홀딱 반하고 풍덩 빠지라

위대한 작가에게서 느끼는 황홀경

사방이 고요하다. 낮 동안의 소음도 모두 잠들었다. 자동차 경
적소리도 잠들었고, 사무실에선 그렇게 울어대던 전화벨도 잠이
들었는지 잠잠하다. 모두가 잠든 지금 심지어 바람마저 잠든 것
일까.

이 시간이 제일 좋다. 사랑하는 친구를 만날 생각에 조금 흥분
도 된다. 어제 배달되어 온 신간들이 서로 나부터 봐달라고 침묵
의 아우성을 지른다. 그래, 모두 다 한 번씩 쓰다듬어 본다. 쌓여

있는 책들의 제목과 표지를 보는 마음이 마치 첫 데이트를 하는 소녀처럼 설렌다.

표지만 봐도 벌써 행복하다. 오늘 하루 종일 온갖 것들을 집어넣느라 무거워진 머리도 시원해지는 기분이다. 가만 보고 있으려니 참 고맙다. 나의 행복을 위해 이렇게 훌륭한 작가들이 또 좋은 책들을 세상에 보내주었다. 아마 이 행복은 평생 계속될 것 같다. 인류가 멸망하지 않는 한, 나의 책 읽기는 계속될 테니. 참 고마운 시간이다. 이 시간이 절대 아깝지 않다.

시간이 아깝지 않은 세 가지 경우. 첫째, 다른 사람을 기쁘게 하는 시간. 둘째, 남을 위해 봉사하는 시간. 셋째, 미래를 준비하는 시간.

혼자만 행복할 순 없다. 행복은 가장 가까운 사람들과의 관계 속에서 찾을 수 있다. 가족, 친구, 이웃, 직장 동료, 내 곁에 있는 사람에게 즐거움을 주는 일을 할 때, 가장 먼저 나 자신이 행복해진다.

미모가 빼어난 사람이 아름다운 사람은 아니다. 뭔가에 열심히 빠져 있는 사람이 아름다운 사람이다. 어학 공부를 하든, 악기 연습을 하든, 운동을 하든, 지금 이 순간 자신의 일에 최선을 다하는 모습이 아름답다. 물론 한 권의 책에 빠져 자유로운 영혼이 책갈피와 함께 넘어가는 모습도 아름답겠지. 눈으로 보는 아름다움이 아니라 마음으로 브는 아름다움이다.

참 고맙다. 빠질 수 있는 나만의 바다가 있어서. 어느 시인은 이렇게 노래했다. '세상에서 가장 행복한 사람은 사랑을 주는 사람도 아니고 사랑을 받는 사람도 아니고 사랑을 하는 사람'이라고. 그럴 수 있겠다 싶다. 사랑을 주는 사람은 주는 만큼 받고 싶어 하니 불행해지고 사랑을 받는 사람도 불행을 피할 순 없으니. 사랑은 영원할 수 없고 그 사랑이 식으면 상대적으로 불행해진다. 그래서 행복과 불행은 항상 언니 동생처럼 함께 온다고 하나 보다.

좋은 일, 궂은 일, 기쁜 일, 슬픈 일, 씨줄 날줄처럼 복잡한 인생 실타래를 풀다 보니 어느 날 번쩍 드는 생각이 있었다.

'인생은 어차피 셀프서비스다. 행복도 불행도 내가 만드는 거다.'

사랑을 하는 사람이 행복한 사람이라면 사랑에 빠진 사람은 황홀한 사람이다. 한 번 빠져보자. 황홀해진다. 빠진다는 것은 무아지경을 의미하고, 무아지경이 곧 황홀의 경지니까.

어떻게 빠져야 할까? 무엇에 빠져야 할까? 남자에게? 여자에게? 친구에게? 자식에게? 일에? 게임에? 알코올에? 한 번 이들에 빠져보자. 분명 한계를 느낄 것이다. 이 속에 나를 멍들게 할 화살이 숨어 있을 수도 있다.

그렇다면 정말 어디에? 누구에게 빠져야 할까? 위대한 자연은 어떤가? 위대한 작가는? 반하려면 홀딱 반하는 게 좋고, 빠질 때는 풍덩 빠지는 것이 좋다. 그래, 작가의 가슴에 풍덩 빠져 허우적거려보는 거다. 이 허우적거림이 진정한 무어지경이며 아이디어의 춤사위가 될 테니….

나도 가끔 빠진다. 영혼을 빠뜨릴 수 있는 위대한 작가들에게 술이라도 한 잔 대접하고 싶은 심정이다. 정작 술은 못하지만 그래도 그 취기까지 황홀하다.

나를 빠지게 하는 책은 술에 비유하면 30년산 발렌타인이다. 정작 보석 같은 책도 대형서점의 상술에 눌려 빛도 보지 못하고 서가 맨 구석에 꽂혀 있는 경우가 얼마나 많은지 모른다. 세월이 지나도 독자의 마음을 저자 가슴에 풍덩 빠뜨릴 수 있는 책들이다.

'아, 하' 감탄과 '그렇구나~!' 저자의 메아리를 연발하게 하는 감동으로 내 머리를 치고 영혼을 흔들어놓는 책들. 이런 책이 독서의 꽃이며 신발계의 나이키, 커피계의 카페베네다.

'가장 소중한 것은 쓰레기통 밑바닥에 있다. 그러니 그것을 찾아내라' 고 하고 떠난 랜디 포시의 마지막 강의에서 주는 여운처럼 내 머리를 치고 영혼을 흔들어놓는 책을 찾아라. 그리하여 빠져버리자. 어떻게? '풍~ 덩~' 이라고 말하고 싶다.

해결해야 할 숙제가 있다는 것은 축복이다
위기일발, 돌파구는 책 속에 있다

머리가 아프다. 몸살이다. 아침에 헬스클럽에서 한 시간 뛰고
간단히 샤워를 한 후 포스코 ICT 임원 독서 코칭을 갔다. 아침부터
긴장이다. 저녁엔 울산대학교 최고경영자 강의가 있기 때문이다.
하루에 두 곳 강의를 마치고 서울역에 도착한 시간은 밤 12시 30
분. 그 시각 서울 광장은 참 무시무시하다.

술 취한 사람이 휘청휘청 쓰러질 듯 스쳐 지나가고, 풀어헤친
머리와 옷차림이 위협적인 노숙자들이 의자 위에서 새우잠을 자

고 있다. 당장이라도 험상궂은 사람이 쫓아와 시비를 걸며 달려들 것 같아 도망치듯 걸음을 재촉한다.

집으로 돌아온 나는 고요히 집필실에 앉는다. 아, 그래도 이곳이 천국이다. 아이들도, 마중 나왔던 남편도 잠들었다. 이 시간의 이 고요가 참 좋다. 가만히 고요에 가슴을 맡겨본다. 어디선가 응원의 소리가 들린다.

"힘내세요. 다이애나. 오늘 강행군 하셨군요."

시들어가는 진달래 꽃송이를 어루만지며 이렇게 중얼거린다.

"한 달 동안 내게 예쁜 친구가 되어주어 정말 고마웠다. 이른 새벽 눈을 비비며 토닥토닥 컴퓨터 자판기를 두드릴 때도 너는 항상 내 곁을 떠나지 않았지. 오늘은 내가 널 위해 음악을 들려줄게."

아픈 머리가 좀 맑아지는 듯하다. 얌전한 선인장이 화사하게 미소 짓고, 까맣고 고고한 자태를 뽐내는 까만 숯도 뽀송뽀송 피어난다. 초록색의 변함없는 우정을 뽐내는 파키라, 산세베리아, 동양란, 스킨다이비스, 연습하다 던져둔 바이올린도 웃고, 책장에서 소리 없이 고운 자태를 뽐내는 책들도 넘실넘실 가락에 젖는다.

역시 이곳이 천국이다. 친구들 덕에 최고의 하루로 마무리할 수 있다. 낮에 강의 갔던 포스코 ICT 임원들의 표정을 보고 그들이 얼마나 치열한 삶을 살아내고 있는지 한눈에 알 수 있었다. 여전히 그들의 머리에는 모락모락 김이 난다. 바쁜 업무에서 시달리는 몸부림이 회의실 안에 소리 없이 흐른다.

어떻게 하면 뜨거운 머리를 식힐 수 있을까? 순간 고민이다. 그동안 연구한 각종 애드립과 유머를 동원해 최고의 기운으로 강의와 토론을 진행한다. 함께 에너지를 만들고 아이디어를 나눈 값진 시간, 임원답게 스피치도 매우 세련되었다. 토론도 진지하고 아이디어도 싱싱하다.

울산 대학교 최고경영자 과정에 공부하러 온 사람들은 또 어떠한가. 빛의 속도만큼이나 급변하는 환경 속에서 영원히 사라지지 않기 위해 그야말로 살기 위한 몸부림이다. 시장에서 잊혀지면 끝장이고 전쟁에서 2등은 죽음이고 기업에서 2등은 도산이라고 했던가.

모두가 힘든 세상이다. 하지만 그래도 살 만하지 않나? 도전할 꿈이 있고, 배움의 기회가 있다는 것, 보고 듣고 느끼고 어울리고 해결해야 할 숙제가 있다는 것이 축복이다.

위기일발 돌파구는 책 속에 있다. 아이디어가 돈인 시대, 책에서 얻는 영감과 아이디어는 돈으로 환산할 수 없을 정도다. 최초의 흑인 앵커이자 인기 프로그램 '오프라 윈프리 쇼'로 존경과 사랑을 한 몸에 받은 오프라 윈프리. 그녀도 어려웠던 젊은 시절의 고난을 독서로 극복했다는 사실은 누구나 알고 있다.

누가 종교가 뭐냐고 물으면 주저 없이 '독서교'라고 한다. 그리고 책으로 하는 십일조는 20년째 이어지고 있다.

얼마 전 어느 독자가 〈책 속 향기가 운명을 바꾼다〉를 읽고 게

시판에 글을 올려주셨다.

지금 병마와 힘겨운 싸움 중이라며 내 책이 용기가
되었다고 감사의 글을 올려주셨다. 이 분 또한 책
속에서 위기의 돌파구를 찾아내셨구나 싶어, 다시
금 책의 에너지에 감사한다. 또 부디 빠른 시일 내
에 건강을 되찾으시길 기원 드린다.

독자 글

다이애나 홍님 안녕하세요?

저는 지난주에 위암 수술을 받은 환자입니다. 제 나이 50대 초, 고향은 충청북도 음성, 누구보다도 좋은 일 많이 해왔고, 착하게 살아 왔건만, 게다가 건강은 감기 한 번 걸리지 않을 정도였는데 부인과 아들딸을 뒤로하고 수술실로 행하게 됐죠.

4시간의 수술과 4시간의 회복실… 피를 말리는 가족의 애타는 순간… 코에다, 배꼽 밑에다, 소변호수, 혈관주사 호수까지 네 다섯 개의 호수를 끼고 금식에 면회까지 사절하고 책으로 주말을 보내게 되었지요.

딸애가 사다 준 몇 권의 책 중에 〈책속의 향기가 운명을 바꾼다〉. 비관과 좌절감에서 너무도 비참했던 나의 처지, 과연 내가 얼마나 더 살 수 있을까? 참으로 암담한 순간에

나에게 용기를 주고 있더군요. 저자의 비참했던 순간들이
며… 생생한 현장 독서 향기를 뿌려준 생동감이며… 참으
로 잊을 수 없는 대목입니다.

이 한 권의 책 에서 수많은 추억들을 더듬어보게 하고,
새로운 삶의 선구자가 되는 기분이기도 합니다.

저자이신 '다이애나 홍' 선생님, 용기를 주셔서 감사합
니다. 그리고 제가 회복이 되면 쓴 차라도 한잔 나누고 싶
군요.

아주 잘 봤습니다. 한 번 더 읽을 겁니다.

감사합니다.

                        강원도 홍천에서 ㅇㅇ드림

책읽기운동은 신 새마을운동

생각의 근육 기르기

좋다. 참 좋다. 운동을 한다는 것.

한 시간 안에 스트레스를 풀 수 있는 방법은 신나게 땀을 흘려 운동하는 것이고, 바로 이 순간 스트레스를 없애는 것은 마음에 '감사'를 심는 것이라고 했다.

정말 그렇다. 머리가 무겁고 기운이 없는 건 운동을 하라는 신호다. 몸을 움직여 내 안에 잠자고 있는 기운을 깨우는 작업이 필요하다. 내 기운은 내가 만들어야 한다. 어차피 셀프 서비스 인생. 누가 대신해주는 것을 바라면 더 약해진다. 설사 누군가 대신해준 다고 해도 그것이 얼마나 지속될까?

1970년대 우리나라의 대변혁을 일으킨 운동이 있다. 박정희 대통령이 전 국민을 상대로 벌인 '새마을운동'이다. 이 운동은 1970년대 한국 사회를 특징짓는 중요한 사건이다.

근면, 자조, 협동을 기본 정신으로 농촌의 근대화, 지역의 균형적인 발전, 의식개혁을 목표로 1980년대 초반까지 시멘트와 철근 등 총 비용의 절반가량을 투자해 지원한다.

책읽기운동은 신 새마을운동이다. 고 박정희 대통령이 산업발전을 위한 새마을운동을 벌였다면 이제는 소프트웨어 시대를 위한 책읽기 운동을 벌여야 할 때다. 책을 읽으면 우리 두뇌는 말랑말랑해진다. 새마을운동이 하드웨어 개발이라면 책읽기운동은 소프트웨어 개발이다.

우리 몸도 운동을 하지 않으면 쉽게 늙어버린다. 몸이 늙으면 생각이 늙고 생각이 늙으면 행동이 늙는다. 이런 상황에 닥치면 빨리 처방을 내려야 한다. 그런데 어떻게 처방을 내려야 할까? 의사를 불러야 할까? 이마의 주름은 주사 한 방으로 금세 펼 수 있겠지만 영혼의 주름은 어떻게 펴야 할까?

그러니 움직여야 한다. 움직이는 것이 가장 빠른 길이다. 세상은 언제나 당신을 도울 준비가 되어 있다. 누가? 무엇을? 어떻게? 준비하고 있냐고? 고개를 들어 하늘을 한 번 보라. 그곳에 당신을 위한 우주의 기운이 펼쳐져 있다. 늘 변함없이 한결같이. 말 없는 산도 늘 그 자리에서 당신을 기다리고 있다. 이럴 때 사람들은 "그럴 시간과 여유가 어디 있느냐"고 볼멘소리다. 그런데 혹시 받아들일 마음의 여유가 없는 건 아닐까? 일주일이 '월화수목금금금'이라고 말하는 직장인이 있다. 충분히 이해가 된다. 입사전쟁, 실적전쟁, 승진전쟁. 날마다 전쟁터로 출전하는 기분일 테니. 그런데 이 와중에도 운동하고 책을 읽고 영화를 보는 사람들이 분명 있다.

다행히도 일찍 돈보다 시간이 더 소중하다는 것을 깨달았다. 스물두 살에 학원장이 되어 돈에 대해 별 걱정이 없었다. 그때 마음으로 돈은 언제든 벌려고만 들면 따라온다고 생각했다. 하지만 시간은 전혀 그렇지 않다. 한 번 지나간 시간은 절대 다시 찾을 수 없는 것.

'지금 나의 모습은 언젠간 내가 헛되이 보낸 시간의 보복이다.'

나폴레옹이 남긴 이 말을 듣고 가슴이 철렁했었다. 지금은 미래를 준비하는 시간이다. 5년 후, 10년 후 내 모습을 그리며 미래학자들의 말에 귀를 기울여본다.

미래는 어떻게 준비해야 할까? 역사를 통해서 점쳐보기도 하고 현실을 통해 미래를 예측하기도 한다. 시간이 나를 절망케 하지 않으려면 시간에 대한 예의를 지켜야 한다. 사막의 물처럼 시간은 우리 인생의 생명이다.

혹시 지금 불필요한 일들로 소중한 시간을 죽이고 있지는 않나? 우리에겐 모두 똑같이 하루 24시간이 주어지지만 죽은 시간을 보내는 사람이 있는가 하면 살아 있는 시간을 보내는 사람들이 있다. 성공한 사람들은 죽은 시간을 잘 활용한 사람들이다. 자투리 시간이 내게 보물을 만들어주는 시간이다. 시간이 아니라 마음이 부족한 건 아닌지, 가슴에 손을 얹고 생각해보자.

웅진그룹에 강의를 간 적이 있다. 아침 시간인데도 강의실에 끓어오르는 열정이 태양만큼 이글거렸다. 마중 나온 교육 담당자의 눈빛과 언행에서도 그 열정이 느껴졌다. 대기실에 앉아 기다리고 있는데 상무님께서 책에 사인을 해달라며 들어오셨다. 그

몸짓과 얼굴에서 묻어나는 열정의 온도는 또 어찌나 높은지, 말하지 않아도 책 읽기와 운동을 얼마나 열심히 하고 있는지 쉽게 알 수 있었다.

웅진 홀딩스의 '신기통통'이라는 독서클럽은 통통 튀는 아이디어의 산실이었다. 생각의 근육이 얼마나 건강한지 굳이 확인할 필요가 없었다.

오랜 기간에 걸쳐 책 읽기 운동을 한 사람의 생각의 근육은 건강할 수밖에 없다. 강의 내내 전하는 아낌없는 추임새와 맞장구는 펄떡이는 아이디어를 대변해주었다.

지금 어떤 운동을 하고 있는가? 육체는 물론 정신을 위한 운동도 하고 있는가?

좋은 책, 좋은 사람들의 아름다운 흔적

전경련 IMI, GAMP
독서클럽의 마지막 강의

2010년 11월 어느 날 전경련 IMI, GAMP 독서클럽의
마지막 강의를 했다.

처음 독서클럽이 창립되고 2년이 지난 때였다. 그동안 우여곡절
도 많았고 중간에 그만 두고 싶은 갈등도 많았는데 마지막 강의를
하려니 심장이 두근거렸다. 진짜 마지막 강의 날에 닥치니 무엇보
다 지난 2년 동안 별 탈 없이 마무리할 수 있음에 감사한 마음이

들었다.

전경련 IMI, GAMP 독서클럽 한 분 한 분 참 귀한 분들이다. 세상에서 둘째가라면 서러울 만큼 자신의 분야에서 한 획을 그은 분들이다. 그런 분들 앞에서 강의를 한다는 건, 물구나무를 서고 강의를 하는 것만큼 힘들었다. 어쩌다 한 번 특강쯤이야 어쨌든 새로울 수 있으니 부담이 덜 하겠지만 매달 들어가야 하는 강의는 아무래도 식상함을 느끼기 마련이다.

누구보다 강의하는 자신이 그 사실을 더 잘 알기에 매달 셋째 주 수요일 전경련 IMI, GMAP 독서클럽 강의 준비는 그야말로 고민 풍선들로 머릿속이 복잡했다. 어떻게 하면 들으시는 분들의 시간을 헛되이 보내지 않을까, 좀 더 의미 있는 시간으로 채워드리고 싶은 부담감이 컸다.

최신간들을 찾아 읽고, 각종 신문을 뒤지고, 시사주간지와 월간지를 탐독하며, 요즘 뜨는 유머까지, 그리고 그동안 읽은 책들에

246

서 꼭 기억했으면 하는 내용들을 독서퀴즈로 만드는 등 마음을 담고 정성을 쏟았다. 그럴 때마다 〈마지막 강의〉의 저자 랜디 포시가 내게 준 메아리를 기억해냈다. '매번 이번 강의가 내 생애 마지막 강의라는 심정으로' 그렇게 마이크를 잡았다.

강의는 짐 콜린스의 책 〈위대한 기업은 어디로 갔을까?〉였다. 좋은 기업을 넘어 위대한 기업으로 갔다면 이제 그 위대한 기업들은 다 어디로 갔을까? 기업의 수명은 얼마나 될까? 또 살아남는 기업은 얼마나 될까? 성공으로 가는 엘리베이터는 없다. 오로지 계단만 있을 뿐이다. 그렇게 한 계단 한 계단 올랐는데 다시 미끄러질 수는 없다. 위대한 기업에서 그대로 몰락할 것인가, 다시 급상승할 것인가. 또 위대한 기업 뒤에는 사랑받는 기업이 있다. 내 강의를 들으신 분들의 기업은 끝까지 무너지지 않고, 몰락의 고개를 넘어 사랑의 고개를 향해 질주하길 바란다.

2년 동안 다룬 책들의 핵심만 정리하면서 준비한 자료를 넘겼다. 한 권, 한 권마다 나의 고뇌와 기쁨, 즐거움, 놀라움이 담겨 있었다. 그리고 지식의 열매 지혜도, 우정의 열매 사랑도 있었다. 웃고 울먹이다 보니 정말 마칠 시간이 다 되었다. 마지막으로 그간 우리의 모습을 담을 영상을 틀었다. 내가 좋아하는 음악 '유 니드 미(You need me)'가 배경음악으로 흐르고 있었다.

첫 화면에 '책갈피에 피어난 우정'이 뜨고 한 페이지 한 페이지 화면이 넘어갈 때마다 소중한 추억들이 산메아리처럼 내 영혼을 적셨다. 독서음악회, 독서토론, 독서여행, 독서친구찾기, 독서나들이 등이 파노라마 필름 돌아가듯 눈앞을 지나갔다.

그게 참 아름다웠다. 좋은 책, 좋은 사람들의 아름다운 흔적들이 마음을 따뜻하게 녹였다.

마지막 영상이 올라갈 땐 목이 메고, 눈물이 주르르 앞을 가려 어찌나 민망하던지. 마지막 인사를 전하는 데 가슴이 가늘게 떨렸다.

"지난 2년 동안 참 고독했습니다. 사람들 앞에 서서 강의를 한다는 게 이렇게 고독한 줄 몰랐습니다. 강의를 마치고 집으로 돌아가는 길은 그렇게 허전 할 수가 없었습니다. 오늘도 내가 큰 실수를 하고 가는 것은 아닐까. 귀한 분들, 소중한 시간, 좀먹지는 않았을까? 습관적으로 반성을 했습니다. 참 많이 배웠습니다. 책을 통해 많은 지식을 얻었습니다. 그러나 진정 참다운 삶을 배운 것은 바로 여러분이셨습니다. 한 분 한 분 모두 제겐 소중한 책이었습니다. 여러분을 통해 진정 삶의 지혜를 배웠고 뜨거운 사랑을 배웠습니다. 참 많이 키워주셨습니다. 처음에 독서클럽이 창립되었을 때 멋모르고 겁 없이 뛰어들었습니다. 시간이 갈수록 어렵다는 것을 알았습니다. 이제야 제가 철 들어가나 봅니다. 정말 감사합니다. 2년 동안 함께 해서 행복했습니다."

마이크를 잡은 손도 떨렸고, 가슴도 떨렸고 음성도 떨렸다. 만감이 교차하는데 "내년에도 계속해야지 무슨 소리냐." "너무 멋졌다. 귀한 보물 같은 시간이었다."고 말씀 해주신 분들이 있어 집으로 돌아가는 길이 더 행복할 수 있었다.

특히, "마지막에 다이애나의 눈물이 우리 영혼을 흔들었다"는 말에 "마음을 흔들지 못하면 모든 것이 가짜"라는 어느 철학자의 말이 떠올라 내가 가짜는 아닌가 보다 조금은 위로가 되었다.

희한하게도 그날은 전처럼 허전한 마음이 안 들었다. 왠지 무거운 짐을 내려놓은 것처럼 후련했다. 집에 돌아와 뜨거운 물에 몸을 담궜는데 그렇게 행복할 수가 없었다.

보람이랄지, 기쁨이랄지, 한 장의 그림을 완성한 느낌이었다. 다시 생각해도 참 감사하다. 가슴앓이 한 만큼 큰다더니, 성장통이 보약인가 보다. 지금 또 그들의 기업이 독서 향기로 가득하길, 부디 책갈피에서 꿈이 피어나길 기원한다.

책으로 나누는 행복

나를 향한 고객의 사랑,
고객을 향한 나의 사랑

행복해진다. 좋은 고객을 만나면.

고객이 나를 행복하게 하고 내가 고객을 행복하게 하니 참 좋은
인연이다. 나를 일으켜 세우는 건 미래의 눈부신 꿈만이 아니다.

고객의 사랑도 나를 일으켜 세운다. 고객을 향한 나의 사랑은
끝이 없다. 고객을 향한 짝사랑, 언제나 변함없는 해바라기다. 가
끔은 되돌아올 때도 있다. 신기하게도 부베랑이 되어 되돌아온다.

253

고객이 내게 사랑으로 다가올 때, 그 희열은 수처녀의 가슴처럼 설렌다.

삼성, SK, 포스코 그룹이 그랬고 농심가족이 그랬다. 선진그룹에 독서코칭을 다닌 지 어느새 2년의 세월이 흘렀다. 어느 토요일 아침, 여전히 당진사업장으로 새벽길을 달렸다. 선진그룹 창립 25주년 행사가 있는 날이었다. 독서코칭을 하는 날 전국의 직원들이 모이니까 이날 겸해서 행사를 진행한 거다. 행사도 독서코칭도 모두 마치고 나오는데 등 뒤에서 부르는 소리에 발걸음을 멈췄다.

"안녕하세요? 원장님. 책 잘 읽었습니다. 지난번 사인해주신 책 말이에요."

"아, 네. 그래요?"

옆에 있던 동료가 한마디 거들었다.

"원장님, 이 사람이 누군지 아세요? 홈페이지에 얼굴 없이 댓글을 쓴 사람이에요."

254

깜짝 놀랐다. 그렇게 만나고 싶었던 사람. 누군가 알고 싶었던 사람이 바로 내 앞에 있는 이 분. 나도 모르게 손을 내밀었다.

"반갑습니다. 정말 감사합니다. 부끄럽습니다. 너무 고마워서… 감사의 마음을 전할 뿐입니다. 아주 좋았어요. 너무 훌륭했습니다. 마음이 담긴 글이 아름다운 글이지요. 꼭 기억하고 있습니다.… 한 번 더 감사드립니다. 앞으로도 변함없는 관심 부탁드립니다."

2년이 넘는 동안 얼굴도 모르고 이름도 모르는 누군가가 강의를 마치면 꼬박꼬박 강의 느낌을 홈페이지에 올려주곤 했다. 그러면 먼 길 달려 새벽을 깨우며 강의를 다닌 피곤이 한방에 날아가 버린다. 세상에 이보다 더 좋은 피로회복제가 또 있을까?

어느 철학자가 "예수는 말씀으로 살고, 공자는 인(仁)으로 산다"고 말했다. 그럼 사람은 무엇으로 살까? 바로 사랑이다. 세상에서 가장 힘 센 말이 사랑이다. 주고 또 주고 또 줘도 아깝지 않은 사랑이다.

"포스코는 소리 없이 사랑을 주고 SK는 고객이 오케이할 때까지 사랑을 준다." 포스코 임원과 이런 농담을 나누면서 많이 웃었던 기억이 난다. 또 드라이버가 오비가 났을 때 "포스코 사람들은 소리 없이 모르간을 주고, SK사람들은 고객이 오케이 할 때까지 모르간을 준다"고 한다. 그냥 웃고 넘겨주었으면 좋겠다.

어찌 되었든 핵심은 사랑이다. 나를 향한 고객의 사랑, 고객을 향한 나의 사랑. 세상을 아름답게 만드는 것도 사랑이고 꿈을 키우는 자양분도 사랑이다.

하루 일과를 마치면 어김없이 홈페이지를 점검한다. 언젠가 독서코칭 느낌을 커뮤니티에 올린 글이 기억에 남아 옮겨놓아 본다.

독자글

안녕하세요?

원장님의 따뜻한 보살핌으로 2년 동안의 많은 흔적들이 있습니다. 여러 가지로 전체를 다 이야기할 수는 없지만 나 개인한테는 도전의식과 행복함을 주었습니다. 강당으로 들어오시면서 흔한 표정의 눈가에는 왠지 모르게 나의 가슴에 두근거림이 생겼답니다.

긍정 에너지를 키우는 기법도 다양하게 표현하였고, 나의 뇌리에 꽂히는 명품인생, 요즘은 부서 이동이 있어 매우 정신없이 보내고 있습니다.

하지만 오늘도 강하게 와 닿은 부분은 우리를 행복하게 하는 자유, 조화, 사랑, 행복, 감사이고 머리 속에 다시 한 번 중얼거려 봅니다.

남이섬과의 비교도 좋았으며, 최상의 삶을 향한 강렬한

열망이 있어야 되는 거며, 모두가 나에게 해당되는 표현이었습니다. 이번 부서 이동으로 어려움을 기회포착을 위한 끌어당김의 법칙으로 나의 꿈을 이루고 싶은 목표를 다시 한 번 되새겨 보았습니다.

현관에서 독서연구원 방문요청 받았을 때는 짠~하는 감동이 생겼으며. 언제가 한번 꼭 가보고 싶은 또 다른 목표가 또 생겨서 행복했습니다. 그리고 꼭 잡아준 손에서 느껴지는 열정도 행복했고요.

오늘 방문하여 주심에 진심으로 행복했습니다.

다음 독서 경영에서도 아름답게 또 뵈어요!!

2010년 11월 20일 당진임 드림

고마운 일이다. 역시 하루 피로를 날려주는 행복한 댓글이다.

Tip4

DH 독서법

1단계- 프리뷰(Preview) 10분: 목적과 호기심을 갖는다.
2단계- 하트리딩(Heart Reading) 40분: 눈이 아니라 가슴으로
　　　　저자를 만난다.
3단계- 스키밍(Skimming) 10분: 세포가 기억할 만큼 반복해서 읽는다.

DH 독서 경영 5단계

성공적인 독서 경영 1단계: 구미가 당기는 책이 재미있다.
성공적인 독서 경영 2단계: 읽고 싶은 만큼만 읽는다.
성공적인 독서 경영 3단계: 밑줄, 접기, 별표, 포스트잇으로 표시한다.
성공적인 독서 경영 4단계: 책을 읽고 난 후 가족이나 직장 동료에게
영감을 전한다.
성공적인 독서 경영 5단계: 감동을 적는다.

· · · **에필로그** · · ·

그래도 사람이다

쪽빛 하늘이 아무리 아름답다고 한들,
함께할 누군가 없다면,
혼자 보면 더 외롭다.

영화가 아무리 가슴을 울린다고 한들,
운동이 아무리 건강에 좋다고 한들,
여행이 아무리 나를 즐겁게 해준다고 한들,
독서가 아무리 지혜를 채워준다고 한들,
음악이 아무리 내 영혼을 씻어 준다고 한들,
함께할 누군가가 없다면 얼마나 외로울까.

누가 뭐래도 사람이다.
사람만큼 소중한 것이 또 있을까.

내 곁에 함께할 사람이 없다면 그 외로움을 다 어찌할꼬.
나는 배웠다, 이 다섯 친구를 통해.
사람이 얼마나 소중한지를.

가장 소중한 것은
가장 가까이 있는 사람이다.
기쁜 일 슬픈 일 함께 나누는 가족,
나의 마음을 어루만져주는 친구,
마음에 고민이 있을 때, 아낌없는 조언을 해주시는 지인.

홀로 있는 고독을 견딜 수 없을 때,
조용히 손 내밀어 주는 것은 다섯 친구였지만,
함께 나눌 수 있는 사람이 없었다면 어떻게 되었을까.
그래서 사람이다.

행복은 혼자 오지 않는다. 사랑하는 사람과 함께 온다.

사랑을 나누는 가족, 우정을 나누는 친구, 지혜를 나누는 지인,

그래서 사람이 꽃보다 아름답다고 했던가.

이 소중한 사람,

가까이 있는 사람에게 더 잘 하려면 어떻게 해야 할까?

내 안에 사랑의 에너지가 있어야 한다.

내 가슴이 텅 비어 있는데 어떻게 사랑을 나눌 수 있을까.

채워야 한다, 먼저 내 허전한 영혼을 채워야 한다.

빈티 나지 않게,

영혼이 메말라서 허공을 헤매고 있는지는 않는 가?

사람들은 빈티 나면 별로 호감을 보이지 않는다.

빈티 나면 스스로 움츠러든다.

돈이 많으면 빈티 나지 않고 당당해 보일까. 천만의 말씀이다.

부자 중에도 외롭고 빈티 나 보이는 사람이 많다.

위험한 사람들이다.

꿈이 있는 사람은 외롭지 않다. 꿈을 이룬 사람보다
꿈이 있는 사람이 행복하다.
노래를 잘 하는 사람보다 노래를 잘 할 수 있다는 꿈이 있는
사람이 행복하다.
글을 잘 쓰는 작가보다 글을 잘 쓸 수 있다는 꿈을 가진 사람이
행복하다.
그 꿈이 나를 이끌어 주기 때문이다.
그들의 눈에는 빛이 난다. 그 꿈이 빛을 부르니까.

운동, 여행, 영화, 음악, 독서 다섯 친구는 내 꿈을 키우는
자양분이다.
내 안에 에너지를 키워주는 소중한 친구들이다.
누군가가 그리워서 알알이 맺힐 때,
미래에 대한 불안감이 내 온 몸을 짓누를 때,
손가락 하나도 움직일 수 없을 만큼 온 몸에 힘이 빠질 때,
마치 산소 호흡기를 꽂고 있는 것처럼 심장이 얼어붙을 때,

넘어지지 않게 다시 나를 세워주었다.

음악은 잔잔히,

영화는 전율을,

독서는 도전을,

운동은 에너지를,

여행은 영혼을 씻어주었다.

20년을 한결같이 내 갈비뼈처럼 중심이 되어 함께 성장했다.

우리의 아름다운 우정은 시골 앞마당 된장처럼 깊어만 간다.

이 고마운 친구들의 응원이 있었기에 오늘의 내가 있고,

내가 성공하면 그 절반은 다섯 친구 덕분이다.

고맙다 친구야. 나는 믿는다.

너희의 기도소리가 헛되지 않음을.

그대 곁에는 어떤 친구가 있는가?